Humano E Santo

Michelle J. Goff

Ministério Irmã Rosa de Ferro

Michelle J. Goff
Ministério Irmã Rosa de Ferro
www.IrmaRosadeFerro.com
+1-501-593-4849

Humano E Santo/ Michelle J. Goff (1ª Edição americana em português brasileiro em copublicação com a Editora EBNESR)

Tradução de Lucas Pestana e Sabrina Nino de Campos
Foto da autora: Ashel Parsons
Capa: Beliza Kocev e Maggie Callahan
Foto da capa: Libby Eisenhower

ISBN: 9781960403094

Conteúdo

Dedicatória

À minha família, que sempre esteve ao meu lado e me apoiou.

Aos meus amigos "Arão e Hur", que levantaram meus braços quando eu não aguentava mais, que me viram em meus momentos mais humanos e caminharam comigo em meu anseio por ser santa. Vocês são amigos inestimáveis "para a vida toda" e um testemunho do que as Irmãs Rosa de Ferro podem e devem ser.

Às minhas Irmãs Rosa de Ferro — as que foram, as que são e as que virão, no mundo todo.

Prefácio

No início do processo de escrever e preparar os materiais desta publicação, houve um momento de pânico que eu sentia que certamente se repetiria. Foi um sentimento familiar de tempos passados, quando dei um salto de fé. O pânico vinha da dúvida e da incerteza de que seria capaz de realizar o que sinto que Deus me chamou para fazer e ser para Ele.

Quem sou eu para fazer isso? Não há outras pessoas mais capacitadas para apresentar estudos como este? Quem sequer estará interessado em comprar e participar desses estudos? Será que os estudos serão "suficientes"?

A verdade é que não, eles não serão suficientes. E eu não sou suficiente — e esse não é o ponto. *"Aquele que está em vocês é maior do que aquele que está no mundo"* (1Jo 4:4). *"Seu divino poder [me] deu tudo de que necessit[o] para a vida e para a piedade, por meio do [meu] pleno conhecimento d'Aquele que [me] chamou para a Sua própria glória e virtude"* (2Pe 1:3).

E da mesma forma que as mulheres foram descritas depois de deixar o túmulo vazio, eu me sinto *"amendrontada e cheia de alegria"* (Mt 28:8).

Ao longo de meus anos de experiência ministerial, tive a bênção de caminhar com mulheres de todas as idades no decorrer das provações, desafios e alegrias da vida. Que honra ter sido parte das jornadas delas! Durante o trajeto, cada uma de nós oportunamente percebeu que não dá para "seguir sozinha" e que Deus nos forneceu um tremendo guia através da Sua Palavra e uma inestimável rede de apoio através da Sua Igreja, sem mencionar um exemplo tangível através do Seu Filho e a bênção do Espírito Santo que reúne tudo isso e nos enche com a Sua Presença!

É essa mistura e equilíbrio de ênfase na Palavra e na comunhão entre irmãs que sempre me impulsionou na busca por recursos de estudo bíblico para mulheres. Em cada uma das cidades e igrejas em que trabalhei, tanto em contextos de missões estrangeiras como em meu país, procurei recursos sólidos e materiais de estudo bíblico para pequenos grupos de mulheres. Nenhum dos livros ou estudos com os quais me deparei parecia abordar algumas das questões que conheço de mulheres de todas as idades, ou, quando o faziam, não era de modo a facilitar a discussão em pequenos grupos e encorajar a liderança para todas elas.

Depois de me dar conta desta lacuna nos materiais de estudo da Bíblia para mulheres em inglês, percebi que o abismo em espanhol, minha segunda língua, era ainda maior. Assim, ao longo dos anos, com a ajuda de outras mulheres, escrevi estudos bíblicos em ambas as línguas e elaborei cursos para pequenos grupos de mulheres. Estes estudos têm sido suficientemente simples para que qualquer uma possa conduzi-los e são profundos para que todas possam crescer.

Sem desejo de glória para mim mesma, percebi que seria egoísta da minha parte e de qualquer ministério local em que eu servisse, guardar comigo estes recursos e materiais de estudo bíblico. Deus estava me chamando para compartilhá-los em um nível muito mais global.

Assim, como disse Isaías em um de meus versículos favoritos: "*Eis-me aqui. Envia-me!*" (Is 6:8).

Minha resposta a este chamado veio com um propósito claro do que Deus queria que eu fizesse e como Ele queria que eu desafiasse e me conectasse com outras mulheres através da imagem de uma Irmã Rosa de Ferro—uma irmã cristã que pode servir como ferro que afia ferro (Pv 27:17), e ao mesmo tempo encoraja e inspira mutuamente as outras a serem tão belas quanto uma rosa, apesar de alguns espinhos.

A estrutura do Ministério Irmã Rosa de Ferro oferece um formato para alcançar pequenos grupos de estudos bíblicos e também facilita uma rede de irmãs cristãs nas Américas. *Humano E Santo* foi o primeiro de muitos outros estudos bíblicos para pequenos grupos de mulheres e outros recursos que são fornecidos através deste ministério trilíngue.

Enquanto uma parte de mim quer escrever e compartilhar minhas próprias opiniões, interpretações, experiências, etc., eu percebo que não é assim que aprendemos. Aprendemos o que aprendemos depois de termos lutado com esses conceitos, depois de ter discutido, aprendido, orado e crescido umas com as outras.

Se você teve a oportunidade de participar de um bom grupo de estudo bíblico feminino, você entende bem algo difícil de descrever: o crescimento e a bênção de discutir e orar juntamente com outras mulheres! Servimos a um Deus vivo e ativo, e Ele está trabalhando quando nos reunimos e O convidamos para nos conduzir! Se você não teve tal oportunidade no passado, estou animada para te apresentar um mundo totalmente novo de crescimento e potencial através dos estudos bíblicos de pequenos grupos do Ministério Irmã Rosa de Ferro.

O objetivo destes estudos é serem apresentados de tal forma que proporcionem a você e ao seu grupo de Irmãs Rosa de Ferro a oportunidade de permitir que o Espírito Santo forme e molde cada uma de nós em parceria umas com as outras. Não é minha intenção forçá-la a engolir a minha própria interpretação, mas sim fornecer-lhe as ferramentas para o crescimento. Tampouco eu gostaria de alimentá-la como uma mãe pássaro que já mastigou para seus bebês. Acredito em cada uma de vocês e em seu desejo de crescer como filha do Rei, uma bela rosa que Deus está podando e regando para criar um belo buquê em Seu Reino!

Na medida em que acredito firmemente que o Ministério Irmã Rosa de Ferro é o que Deus me chamou a fazer, confio que Ele irá equipar e fortalecer cada uma de nós com tudo o que precisamos para trabalhar rumo a esse propósito. Obrigada por suas orações para este fim, e por favor, espalhe a palavra a outras mulheres que anseiam fazer parte deste propósito!

Para mais informações ou para organizar um evento do Ministério Rosa de Ferro em sua região, acesse IrmaRosadeFerro.com ou entre em contato diretamente conosco em info@irmarosadeferro.com.

Formato dos Estudos Bíblicos do Ministério Irmã Rosa de Ferro escritos por Michelle J. Goff

Os estudos bíblicos do Ministério Irmã Rosa de Ferro (MIRF) são projetados para um contexto de pequenos grupos de mulheres. Mesmo que fosse possível dar-lhe "todas as respostas" e partilhar a minha perspectiva sobre os versículos e conceitos apresentados, nunca é demais enfatizar o valor da comunhão, discussão e oração com outras irmãs cristãs! O formato dos estudos bíblicos do MIRF permite maior discussão, profundidade de visão e compartilhamento de perspectivas únicas. Se você não seguir exatamente o livro, tudo bem! Você está convidada a fazer seus próprios estudos, a permitir que o Espírito as guie e a tratar os estudos como um guia e um recurso, não como um roteiro.

Os estudos bíblicos do MIRF também oferecem a oportunidade de **diário espiritual** em nível pessoal, anotando a data em que você conclui cada capítulo/semana e adicionando notas nas margens, além de responder às perguntas.

Recomendações para estudos bíblicos do Ministério Irmã Rosa de Ferro:

- Reserve entre uma hora a uma hora e meia para a reunião semanal.
    - Somos mulheres – gostamos de conversar!
    - Tempo em oração
    - Profundidade de conversa e discussão
- Faça um rodízio facilitando as Reflexões Semanais entre CADA UMA das mulheres.
    - Todas podem liderar!

- Todas vão crescer!
- Há mais sugestões e recomendações no Guia da Facilitadora (pg 133).

- Comprometa-se a fazer os exercícios de cada semana com antecedência.
  - A discussão será mais rica e profunda se todas vierem preparadas.
  - Você se beneficiará de acordo com o tempo que dedicar a isso.
  - Você precisará fazer esses estudos com sua Bíblia favorita em mãos.[1]
- Mantenham contato durante a semana.
  - Oração
  - Encorajamento
  - "Elementos Comuns"

Os "Elementos Comuns" (foto) permitem que você tenha seu crescimento pessoal individualmente e em comunhão com suas Irmãs Rosa de Ferro. Utilizando a imagem da rosa e o logotipo do MIRF, **o desabrochar da rosa** representa as áreas onde queremos crescer ou florescer. Através desses estudos, também podemos identificar **espinhos** que gostaríamos de trabalhar para remover ou que precisamos de ajuda para isso. Podem ser espinhos como os de Paulo (2Co 12:7-10) ou pecados que devem ser eliminados (Hb 12:1). O último elemento comum é o **ferro**, em forma de cruz. É melhor definido e facilitado em comunhão com outras irmãs cristãs, Irmãs Rosa de Ferro. Através dos nossos relacionamentos com as Irmãs Rosa de Ferro, Deus revela áreas para nos aprofundarmos ou nas quais precisamos de alguém que nos ajude a manter nosso compromisso como o ferro que afia o ferro.

---

1 Todos os versículos, salvo indicação, são citados da Nova Versão Internacional (NVI). As abreviaturas dos livros bíblicos também seguem o formato NVI.

Elementos Comuns
em estudos MIRF

Uma área na qual você queria *crescer* e *florescer*

Um espinho que você queira *remover*

Uma área em que você está se esforçando para se *aprofundar* ou que precisa de alguém que te ajude a *manter o seu compromisso* (Pv 27:17)

O Que é uma Irmã Rosa de Ferro?

Uma Irmã Rosa de Ferro é uma irmã cristã que serve como ferro para afiar o ferro (Pv 27:17), encorajando e inspirando outras a serem tão bonitas quanto uma rosa, apesar de alguns espinhos.

Objetivos dos Relacionamentos das Irmãs Rosa de Ferro:

- Encorajamento e inspiração
- Oração
- Compreensão e afirmação
- Confidencialidade
- Afiadora espiritual (Pv 27:17)
- Chamado mútuo para uma vida santa
- Amizade espiritual e conversa

Usamos o logotipo do MIRF para destacar perguntas que proporcionam uma boa discussão em grupo: quebra-gelo, questões para profundidade de visão ou perspectivas adicionais, e áreas para crescimento e compartilhamento. Os Estudos Bíblicos do Ministério Irmã Rosa de Ferro (MIRF) são concebidos para um contexto de pequenos grupos.

Mesmo que eu pudesse dar "todas as respostas" e compartilhar a minha perspetiva sobre os versículos e conceitos apresentados, nunca é demais sublinhar o valor da comunhão, discussão e oração com outras irmãs em Cristo! O formato dos Estudos Bíblicos do MIRF permite maior discussão, aprofundamento de visão e a partilha de pontos de vista particulares. Se o livro não for seguido de forma exata, está tudo bem! Convido você a tomar para si os estudos, de maneira a permitir que o Espírito te oriente, tratando os estudos como guia e recurso, não como uma fórmula.

Introdução

Pense na última vez que você leu ou ouviu uma história que tocou seu coração ou com a qual você se identificou profundamente. As histórias com as quais mais nos conectamos são aquelas que expressam profundamente a emoção humana. Mesmo que não tenhamos compartilhado exatamente a mesma experiência, nós nos unimos à pessoa em sua jornada através de sua expressão da condição humana — seja ela uma expressão de dor, tristeza, raiva ou alegria... Eu convido você, através desta série de estudos, a se conectar com Jesus e a se conectarem umas com as outras em uma jornada de emoção e da condição humana.

Como mulheres, experimentamos emoções e situações de vida diferentes dos homens e é minha oração que possamos explorar juntas uma forma santa de lidar com essas emoções e experiências, seguindo o exemplo de Cristo enquanto Ele caminhava sobre esta terra.

Pode ser fácil descartar a natureza humana de Jesus ou apenas focalizar certos aspectos dela por medo de desrespeitar Sua divindade. Proponho que olhemos para Jesus como humano e santo — chamado como humano a viver de forma santa, de acordo com a natureza humana, mas não de acordo com a natureza pecaminosa. Há uma diferença. Vamos explorar essa diferença através de várias emoções e situações que Jesus enfrentou, deixando-nos um exemplo à medida que nós também enfrentamos essas emoções e lutas no dia a dia.

Satanás quer tirar proveito da culpa e frustração que vem de nossas imperfeições. Você já ficou frustrada por não ser a Super-Mulher descrita em Provérbios 31? Eu com certeza preciso dormir mais do que aquela mulher deve dormir! Através do exemplo de Jesus, podemos nos dar permissão para sermos humanas enquanto nos esforçamos para sermos santas. Há uma liberdade que vem da compreensão dessa distinção entre natureza humana e natureza pecaminosa — não uma liberdade de pecar (Rm 6:1), mas uma liberdade de ser tudo aquilo que Deus nos chama a ser como humanas e santas.

Venha, junte-se a mim e às suas outras Irmãs Rosa de Ferro nesta jornada.

Data ____________________

Capítulo 1

O que Significa Ser Humano E Santo?

De uma forma ou de outra, somos todos diferentes ou singulares. Eu, por exemplo, sou uma grande desastrada. Pode parecer algo engraçado, mas não muito para mim, com todos os meus hematomas, inchaços ou arranhões que nem sei de onde vieram.

Cite uma de suas qualidades mais interessantes ou divertidas. E se quiser, não precisa limitar-se a apenas uma.

Você acha que Jesus tinha alguma dessas qualidades?

Seja das coisas engraçadas que você possa ter imaginado da infância de Jesus, seja de coisas observáveis que Ele fez durante Seu ministério, como podemos enxergar a humanidade de Jesus?

Usando exemplos específicos das Escrituras, de que forma Jesus era humano?

Você lembrou de quando Ele deixou Seus pais preocupados quando pensaram tê-Lo perdido aos 12 anos de idade (Lc 2:41–52)? Que tal quando Ele chorou pela morte de Lázaro (Jo 11:35)?

É difícil pensar em Jesus como humano? Por que sim ou por que não?

Quais são as três principais coisas que *nos* tornam humanos (além de nascer)?

Uma coisa que distingue os seres humanos dos animais é nossa capacidade de pecar.

Vemos em Hebreus 4:15, que temos "*... alguém que, como nós, passou por todo tipo de tentação, porém, sem pecado*". É verdadeiramente tentação se você não tiver a capacidade de pecar?

Por exemplo, depois de 40 dias de jejum e oração no deserto (Lc 4:1–13), como Jesus foi tentado e como Ele *poderia* ter pecado?

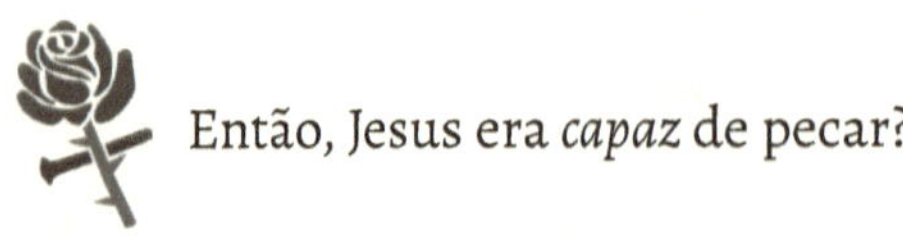

Então, Jesus era *capaz* de pecar?

Sim, essa é uma pergunta bem intensa — e que vai exigir que debatamos e reflitamos sobre ela. Como Emanuel, "Deus conosco", Jesus era capaz de pecar? Como filho de Maria e reconhecido como filho de José, sendo 100% humano e ao mesmo tempo 100% Deus, era possível para Jesus pecar?

Estes podem ser conceitos desafiadores para nós pensarmos, e espero que você seja capaz de discutir isto mais adiante com sua Irmãs Rosa de Ferro. Jesus era Deus na forma humana. João 1:14 afirma que "*Aquele que é a Palavra tornou-Se carne e viveu entre nós*". Ele foi enviado à Terra com um propósito. Um desses propósitos era ser um sumo sacerdote da ordem de Melquisedeque, não da tribo de Levi (Hb 6:19-20).

> *É de um sumo sacerdote como este que precisávamos: santo, inculpável, puro, separado dos pecadores, exaltado acima dos céus. Ao contrário dos outros sumos sacerdotes, ele não tem necessidade de oferecer sacrifícios dia após dia, primeiro por seus próprios pecados e, depois, pelos pecados do povo. E ele fez isso de uma vez por todas quando a si mesmo se ofereceu. Pois a Lei constitui sumos sacerdotes a homens que têm fraquezas; mas o juramento, que veio depois da Lei, constitui o Filho, perfeito para sempre.* (Hb 7:26-28).

De que maneira Jesus era santo?

Alguma vez vemos a humanidade de Jesus e Sua santidade em conflito? Seus momentos finais no Jardim de Getsêmani são provavelmente o exemplo mais óbvio (Mt 26:36–46), mas você pode pensar em quaisquer outros momentos?

Você já sentiu que a *sua* humanidade e a *sua* santidade estavam em conflito?

Sim, eu sei que essa é provavelmente uma pergunta retórica, mas não é reconfortante perceber que assim como sentimos nossa humanidade e santidade em conflito, isso também aconteceu com Jesus?

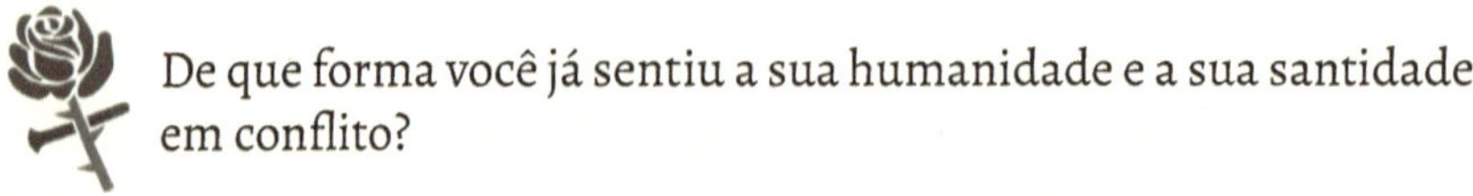

De que forma você já sentiu a sua humanidade e a sua santidade em conflito?

Ou talvez você ache difícil se chamar de santa por causa do pecado que reconhece em sua vida ou por se sentir distante de Deus...

É comum sentir-se indigna de ser chamada santa, ou querer evitar a atitude "sou mais santa que os outros". O que diz Hebreus 2:11 em resposta a isto? "*Tanto o que santifica quanto os que são santificados provêm de um só. Por isso Jesus não se envergonha de chamá-los irmãos.*"

Somos chamadas a ser santas, assim como Aquele que nos chamou é santo. Como você explicaria a santidade para outra pessoa?

Leia 1 Pedro 1:13-2:3 e liste pelo menos cinco características da santidade.

Reveja as características de santidade encontradas em 1 Pedro 1:13—2:3. Será que a perfeição entra nessa lista? Santidade é o mesmo que perfeição?

Vamos esclarecer e ter certeza do que é santidade. Qual é a definição de santidade?

De acordo com a *Bíblia de Estudo Nova Versão Internacional* (1995, Zondervan, adaptado do inglês), "ser santo é ser separado — separado do pecado e da impureza, e separado para Deus".

Ser santo é ser separado

Ser santo não é ser perfeito

Esta é uma das maiores áreas em que Satanás se aproveita. Ele afirma que devemos ser como Jesus, Aquele que não conheceu o pecado (2Co 5:21; 1Pe 2:22), mas distorce a verdade, deixando de fora qualquer referência à graça e distorcendo o que é o verdadeiro chamado de Deus para a santidade: "separar". Em seu engano, Satanás nos convenceu da mentira de que precisamos ser como Jesus foi, 100% Deus na carne — a perfeita Mulher-Maravilha sem pecado. Sim, Jesus era perfeito, irrepreensível, sem pecado. Ele era 100% Deus, mas também era 100% humano. Humano e santo. Separado para Deus.

Sempre falharemos em nossos próprios esforços para sermos 100% perfeitas como Deus, como afirma Romanos 3:23: "*Pois todos pecaram e estão destituídos da glória de Deus.*" Não podemos fazer isso sozinhas e pode parecer uma meta inalcançável. - No entanto, nós *podemos* seguir o exemplo de Jesus como inteiramente humano e santo — alguém que caminhou sobre esta terra, separado para o propósito de Deus, não importando a condição humana que Ele enfrentou.

Felizmente, quando perdemos a batalha em sermos santas nessas situações humanas, quando não chegamos lá e pecamos, Deus nos deu uma mensagem de esperança e não de condenação. *"Mas agora que vocês foram libertados do pecado e se tornaram escravos de Deus, o fruto que colhem leva à ______________________________, e o seu fim é a _____ __________________________.*" (Rm 6:22)

Mais uma vez, antes que nos deixemos dominar pela nossa falta de santidade ou pela incapacidade em alcançar a perfeição, podemos ser encorajadas por Judas 24–25:

> *Àquele que é poderoso para impedi-los de cair e para apresentá-los diante da Sua glória sem mácula e com grande alegria, ao único Deus, nosso Salvador, sejam glória, majestade, poder e autoridade, mediante Jesus Cristo, nosso Senhor, antes de todos os tempos, agora e para todo o sempre! Amém.*

Que possamos reivindicar esta promessa e tomar posse dela!

Portanto, visto que a santidade não se trata de alcançarmos a perfeição aqui na terra por nossos próprios esforços, mas de sermos "separadas" num processo de transformação (santificação)...

Como você interpreta esse "estar separada" na sua própria vida? *Do que* somos separadas? *Para que* somos separadas? Que versículos bíblicos ajudam a responder a tal pergunta?

Visto que a santidade de Jesus não tem a ver com Sua perfeição, *do que* Jesus foi separado? *Para que* Ele foi separado? Onde vemos isso sendo falado nas Escrituras?

De que formas Jesus ter sido separado afetou Sua humanidade?

Como cristãs, nós não somos perfeitas. Mas assim como Jesus somos inteiramente humanas e santas.

Ao longo deste estudo, estaremos explorando o que significa ser humano e santo como Jesus; como estar no mundo, mas não ser do mundo. Jesus tinha raiva, sentia-Se traído, estava triste, frustrado, estressado e até mesmo sobrecarregado. No entanto, Ele não conheceu nenhum pecado. Incrível!

Você pode estar tendo dificuldades com esses conceitos e sentir que não tem a "resposta certa" para as perguntas apresentadas no capítulo. Não há respostas "certas ou erradas" (exceto o que contradiz diretamente a Escritura). O objetivo destes estudos não é você chegar sozinha a uma resposta perfeitamente correta pré-determinada. Lembre-se, o propósito é ponderar sobre estes conceitos em comunhão com suas outras Irmãs Rosa de Ferro e ganhar novas percepção e profundidade de compreensão à medida que descobrimos Jesus como humano e santo na Bíblia. Através deste processo, seremos capazes de discernir melhor como podemos seguir Seu exemplo de santidade, enquanto encorajamos e desafiamos umas às outras ao longo do caminho de nossas vidas humanas.

Passe algum tempo com as irmãs compartilhando e orando sobre suas primeiras respostas aos Elementos Comuns (descritos integralmente no Formato dos Estudos Bíblicos MIRF, na página 11).

O que você espera alcançar com este Estudo Bíblico MIRF com suas novas Irmãs Rosa de Ferro? Ou, como você gostaria de crescer espiritualmente? Existe algo para o qual Deus já está chamando você?

Elementos Comuns:

 Uma área na qual você queira crescer e florescer:

Um espinho que você queira remover:

Uma área em que você está se esforçando para se aprofundar ou que precisa de alguém que te ajude a manter o seu compromisso.

Uma mensagem de esperança, uma palavra animadora ou uma passagem da Escritura.

Data ____________________

Capítulo 2

O Espírito Santo

Preencha os espaços a seguir com uma ou duas palavras descrevendo Deus que seja(m) mais reconfortante(s) para você ou encapsule(m) uma de Suas promessas (exemplo abaixo):

Deus é ______________________________________.

Deus ***não*** é ____________________________________.

Eu sei que Deus ______________________________

porque ______________________________________

____

____.

Eu confio que Deus ____________________________

mesmo quando ________________________________

____

____.

Exemplo:

Deus é um Pai amoroso.

Deus ***não*** é condenador.

Eu sei que Deus é fiel porque vejo como Ele caminha comigo durante os bons e maus momentos - nunca me deixando nem me abandonando.

Eu confio que Deus está no controle, mesmo quando me sinto confusa e tudo parece fora de controle.

Para refrescar nossa memória da semana passada:

Eu sei que Jesus é ***humano*** porque...

Eu sei que Jesus é ***santo*** porque...

Como posso saber se sou santa? O que me torna santa?

Leia os versículos a seguir. Eles ajudarão a responder a estas duas perguntas:

Como posso saber que sou santa? O que me torna santa?

- Hebreus 2:11

- Hebreus 10:9–14

- 1 Coríntios 1:2

- Efésios 1:3–14

- 2 Timóteo 1:9–14

Há algumas promessas especiais e versículos reconfortantes nas passagens acima. Deus nos ESCOLHEU para sermos santas! Ele nos considera como uma parte da Sua família!

Com base nos versículos listados acima, explique a relação entre santidade e o Espírito Santo.

Confira estes versículos sobre o Espírito Santo:

- João 14:26
- Atos 1:2, 8
- Atos 2:38
- Atos 5:32

Na sua opinião, qual(is) destes versículos é(são) mais importante(s) para entender o Espírito Santo no contexto de ser humana e santa?

Ter o Espírito Santo me torna mais santa?

Agora vamos analisar nossa leitura e ver se estamos enfatizando as mesmas palavras. Como você leu a pergunta acima: "Ter o Espírito Santo me torna mais santa?"

Ter o Espírito Santo **me** torna mais santa?

Ter o Espírito Santo me **torna** mais santa?

Ter o Espírito Santo me torna **mais** santa?

Discutam em grupo as três diferentes maneiras de perguntar e respondam à pergunta: "O Espírito Santo me torna mais santa?" Que passagens das Escrituras apoiam suas respostas?

Graças a Deus, não estamos sozinhas nesta batalha humana e santa! Deus nos deu a promessa do Espírito Santo e Seu poder para caminhar conosco nesta jornada de transformação — não um processo que possamos controlar nem uma santidade que poderíamos obter por nós mesmas. Ele nos deu o exemplo do Seu Filho quando Jesus caminhou sobre esta terra, e nos deu o apoio de nossas companheiras em Cristo, nossas Irmãs Rosa de Ferro, enquanto nos unimos nessa jornada.

Leia Efésios 3:14–21 e conte quantas vezes a palavra "poder" é usada. Quantas vezes? ________ Que promessa!

Qual dos versículos de Efésios 3 enche você de força ou esperança nesta jornada de transformação na direção da santidade?

Reflexão: Que aspecto da sua humanidade você deseja que o Espírito Santo ajude a tornar mais santo? Você pode ver isso como uma fraqueza, mas é algo que Deus pode usar poderosamente em Seu reino! Lembre-se: ser santa é ser separada; não é ser perfeita.

Que exemplo de Jesus pode guiá-la durante essa luta? Escolha um versículo que demonstre o que Ele ensinou sobre esse assunto ou um versículo que O mostre enfrentando uma batalha humana e santa semelhante.

Existe um aspecto do caráter de Deus que pode abençoá-la nessa jornada? Identifique uma passagem da Escritura que fale dessa promessa específica de Deus.

Como o Espírito Santo pode guiá-la em sua jornada rumo à santidade? Qual versículo pode descrever o poder do Espírito em nossas vidas para a transformação?

A questão da Reflexão (acima) leva diretamente aos Elementos Comuns. Esteja preparada para compartilhar quaisquer novas áreas nas quais você gostaria de ter o apoio e as orações das suas Irmãs Rosa de Ferro. Se os Elementos Comuns ou suas respostas a eles parecerem constragedoras neste momento, não fique desalentada. Há alguns capítulos nos quais os Elementos Comuns virão mais naturalmente e outros que podem exigir mais oração ou reflexão.

Antes de escrever seus Elementos Comuns esta semana, vamos olhar para trás para os propósitos dos Relacionamentos das Irmãs Rosa de Ferro, especialmente porque eles pertencem aos Elementos Comuns.

O que é uma Irmã Rosa de Ferro?

Uma Irmã Rosa de Ferro é uma irmã em Cristo que serve como ferro afiando ferro (Pv 27:17), encorajando e inspirando as outras a serem tão bonitas como uma rosa, apesar de alguns espinhos.

Propósitos dos Relacionamentos entre as Irmãs Rosa de Ferro:

- Ânimo e inspiração
- Oração
- Entendimento e afirmação
- Confidencialidade
- Afiadora espiritual (Pv 27:17)
- Chamado mútuo a viver em santidade
- Amizade e conversas espirituais
- Em relação a um aspecto de sua humanidade que você anseia por tornar santificar...

Elementos Comuns:

Uma área na qual você queira crescer e florescer:

Um espinho que você queira remover:

Uma área em que você está se esforçando para se aprofundar ou que precisa de alguém que te ajude a manter o seu compromisso.

Uma mensagem de esperança, uma palavra animadora ou uma passagem da Escritura.

Humana e santa. Essa é a nossa batalha. Nós nos esforçamos para ser santas sem descuidar do nosso lado humano. Estamos condenadas porque estamos sujeitas às falhas e tentações da carne? Fique atenta a mais exemplos, lições e esperanças nessa jornada!

Data ____________________

Capítulo 3

Natureza Humana × Natureza Pecaminosa

Cresci em um lar cristão e por meio do ensino de meus pais e da igreja, somados à minha necessidade desde criança de uma perfeição performática, terminei sobrecarregada pela pressão de evitar todo e qualquer pecado. O pecado era errado. O pecado era mau. O pecado fazia de você uma pessoa horrível. Mas o pecado era inevitável.

O pecado é tudo isso. Mas graças a Deus, temos uma promessa incrível em Romanos 8:1: *"Portanto, agora já não há condenação para os que estão em Cristo Jesus."* Que bênção, que promessa libertadora!

Entretanto, o restante desse capítulo me deixou um pouco confusa.

Leia Romanos 8:1–17.

Estes versículos são a resposta de Paulo ao que eu chamo de passagem trava-línguas (Rm 7:14–28) — o dilema humano de que fazemos o que não queremos e não fazemos o que queremos. Então, se a solução, explicada no capítulo 8, é que devemos viver de acordo com o Espírito e não de acordo com a carne, como lidar com os aspectos de minha natureza humana/carnal que não são pecaminosos?

Ou é tudo pecado e eu não posso me dar permissão para ser humana?

O simples fato de eu ser humana e ter uma natureza carnal torna-se minha condenação automática? Por quê? Ou por que não?

Se esse fosse o caso, não estaria então o Messias automaticamente condenado quando Ele veio em carne e osso? Explique seu raciocínio.

Talvez você nunca tenha pensado nesta aparente contradição ou se debatido com o cristianismo que se interessa por performances. Eu já. E quando me deparei com a intensidade das emoções humanas que surgiram de difíceis eventos da vida, lutei mais intensamente por este conceito e, através de minha luta, ganhei permissão e um exemplo, através do próprio Cristo, para ser humana. Não pecaminosa. Apenas humana.

Você pode já ter descoberto tudo isso, mas junte-se a mim nesta jornada para esclarecer o que acredito ser uma distinção vital.

Como você distinguiria a nossa natureza carnal humana da nossa natureza pecaminosa? Existe de fato alguma diferença?

A qual delas Romanos 8 se refere?

Por que há tanta confusão sobre este ponto? Não estou defendendo nenhuma versão específica da Bíblia sobre outra, mas encorajo o estudo de múltiplas versões para uma compreensão mais ampla e profunda da Escritura.

Vejamos Romanos 8:8 em três versões diferentes da Bíblia:[2]

> *"Quem é dominado pela carne não pode agradar a Deus."* (NVI, Nova Versão Internacional)
>
> *"Portanto, os que estão na carne não podem agradar a Deus."* (NAA, Nova Almeida Atualizada)
>
> *"As pessoas que são governadas por aquela parte de nós que é humana e pecadora não podem agradar a Deus."* (VFL, Versão Fácil de Ler)

O que você notou? Alguma luzinha vermelha se acendeu? (Sinta-se à vontade se quiser conferir mais versões.)

---

2 Não estou defendendo nenhuma versão específica da Bíblia sobre outra, mas encorajo o estudo de múltiplas versões para uma compreensão mais ampla e profunda da Escritura.

Vamos ler Romanos 8:1–8 na NTLH (Nova Tradução na Linguagem de Hoje) e vejamos o que podemos aproveitar dessa tradução.

Agora já não existe nenhuma condenação para as pessoas que estão unidas com Cristo Jesus. Pois a lei do Espírito de Deus, que nos trouxe vida por estarmos unidos com Cristo Jesus, livrou você da lei do pecado e da morte. Deus fez o que a lei não pôde fazer porque a natureza humana era fraca. Deus condenou o pecado na natureza humana, enviando o Seu próprio Filho, que veio na forma da nossa natureza pecaminosa a fim de acabar com o pecado. Deus fez isso para que as ordens justas da lei pudessem ser completamente cumpridas por nós, que vivemos de acordo com o Espírito de Deus e não de acordo com a natureza humana.

Porque as pessoas que vivem de acordo com a natureza humana têm a sua mente controlada por essa mesma natureza. Mas as que vivem de acordo com o Espírito de Deus têm a sua mente controlada pelo Espírito. As pessoas que têm a mente controlada pela natureza humana acabarão morrendo espiritualmente; mas as pessoas que têm a mente controlada pelo Espírito de Deus terão a vida eterna e a paz. Por isso as pessoas que têm a mente controlada pela natureza humana se tornam inimigas de Deus, pois não obedecem à lei de Deus e, de fato, não podem obedecer a ela. As pessoas que vivem de acordo com a sua natureza humana não podem agradar a Deus.

Como crentes em Cristo, todas nós compartilhamos o desejo de viver pelo Espírito, de ter nosso pensamento controlado pelo Espírito e de nos beneficiarmos da vida e da paz que vêm desse tipo de vida espiritual. A grande questão é: como fazer isso enquanto ainda estamos sujeitas à nossa natureza humana?

Jesus abriu caminho na natureza humana para que pudéssemos ter esperança.

"Os filhos, como ele os chama, são pessoas de carne e sangue. E por isso o próprio Jesus Se tornou igual a eles, tomando parte na natureza humana deles. Ele fez isso para que, por meio da Sua morte, pudesse destruir o Diabo, que tem poder sobre a morte." (Hb 2:14, NTLH)

Durante as dez semanas seguintes, veremos o exemplo de Jesus, de como Ele submeteu Sua natureza humana à condução do Espírito e confiou em Seu Pai numa entrega total.

Para isso vocês foram chamados, pois também Cristo sofreu no lugar de vocês, deixando exemplo, para que sigam os Seus passos. 'Ele não cometeu pecado algum, e nenhum engano foi encontrado em sua boca.' Quando insultado, não revidava; quando sofria, não fazia ameaças, mas entregava-se àquele que julga com justiça. (1Pe 2:21–23, NVI)

Nos versículos de 1 Pedro, podemos ver alguns exemplos de situações humanas comuns que Jesus enfrentou. Estas foram situações do cotidiano que teriam testado Sua capacidade de não permitir que Sua natureza humana O conduzisse por um caminho pecaminoso, como fez Pedro quando Jesus lhe contou sobre Sua própria morte.

Jesus virou-Se e disse a Pedro: 'Saia da Minha frente, Satanás! Você é como uma pedra de tropeço no Meu caminho para fazer com que Eu tropece, pois está pensando como um ser humano pensa e não como Deus pensa'. (Mt 16:23, NTLH)

Usando o exemplo de Pedro em Mateus 16:21–28, qual é a diferença entre a natureza pecaminosa e a natureza humana?

Como você explicaria a reação de Jesus a Pedro? Foi errado Pedro querer proteger o seu amigo? Por quê? Ou por que não?

De que maneira podemos discernir essa diferença entre a natureza humana e a pecaminosa? Por onde começamos?

Portanto, meus irmãos, nós temos uma obrigação, que é a de não vivermos de acordo com a nossa natureza humana. Porque, se vocês viverem de acordo com a natureza humana, vocês morrerão espiritualmente; mas, se pelo Espírito de Deus vocês matarem as suas ações pecaminosas, vocês viverão espiritualmente. (Rm 8:12–13, NTLH)

Que aspecto da sua natureza humana você precisa entregar ao Espírito, deixando que Ele te guie?

Elementos Comuns:

 Uma área na qual você queira crescer e florescer:

 Um espinho que você queira remover:

✝ Uma área em que você está se esforçando para se aprofundar ou que precisa de alguém que te ajude a manter o seu compromisso.

Uma mensagem de esperança, uma palavra animadora ou uma passagem da Escritura.

Oro para que o esclarecimento da distinção entre natureza humana e natureza pecaminosa apresentada neste capítulo traga esperança e promessa em seu esforço pessoal em ser humana e santa. Nas semanas seguintes, teremos a oportunidade de explorar esses conceitos, pois eles se relacionam especificamente com vários aspectos de nossa natureza humana; seguiremos o exemplo de Jesus através de cada um desses contextos.

Data ____________________

Capítulo 4

Destruída, Dolorida, Perdida

Iniciaremos este capítulo com um artigo que escrevi em 2013 para a revista cristã *New Wineskins** (*literalmente, "Novos Odres").

Em Destroços, na Destra de Deus

Você já esteve numa situação de dor onde você só conseguia levar a vida um momento de cada vez, talvez uma hora de cada vez, orando para conseguir chegar no "um dia de cada vez" de que tantos falam? Eu já passei por isso. Bem recentemente. Profundamente. Mas Deus é fiel e agora cheguei num ponto onde me sinto pronta para compartilhar pelo menos uma pequena parte da minha história.

Não importa a origem da nossa dor ou o contexto da nossa ferida, há um lugar da emoção humana que é tão dominador e tão vasto que pode deixar você sentindo-se desconectada de si mesma. Você fica incapaz de pensar, de se mover, de respirar, de funcionar. As emoções estão tão presentes, tão intensas que não há espaço no seu cérebro ou no seu ser para processar qualquer outra coisa — nem um pensamento, nem uma oração, nem um som.

Ao partilhar minha história, peço que não se concentre nos detalhes dos eventos que envolvem a minha dor, mas que reflita sobre a realidade da condição humana e da emoção desnudada que provém daqueles lugares profundos de dor que todos nós temos e desejamos que Deus cure. Certa vez ouvi esta grande citação: "O tempo não cura todas as feridas. O tempo revela como Deus cura todas as feridas." Que a cura d'Ele na minha vida traga a esperança de cura na sua também.

Bendito seja o Deus e Pai de nosso Senhor Jesus Cristo, Pai das misericórdias e Deus de toda consolação, que nos consola em todas as nossas tribulações, para que, com a consolação que recebemos de Deus, possamos consolar os que estão passando por tribulações. (2Co 1:3–4)

A melhor parte da cura é que Deus vai ao nosso encontro onde estamos e está disposto a nos encontrar onde quer que estejamos em nossa jornada. Houve momentos em que me via incapaz de orar ou mesmo de falar; quando me senti em meio a tamanha solidão e escuridão que ninguém conseguia penetrar atravessar minha casca de autoproteção. Para mim, o fechamento e a casca de autoproteção vieram logo depois dos choque e dor inesperados de quando meu noivo cancelou o nosso casamento, pondo um fim ao nosso relacionamento dois meses e meio antes da cerimônia.

Numa manhã, dois dias depois daquela fatídica noite, meu pai pôs-se ao lado da minha cama para me apoiar e para fazer uma oração. Ele havia sofrido sua própria perda e dor recentes e estava sofrendo junto comigo enquanto ainda estava em seu próprio processo de cura. Enquanto ele orava por mim, eu estava incapaz de processar suas palavras dirigidas a Deus em meu nome. Meu corpo começou a tremer, meu coração a se sentir carregado, e minha mente a entrar em colapso. Eu não conseguia lidar com a oração. No fundo, eu sabia que ele estava orando. No fundo, eu sabia que outros estavam orando. Mas eu não estava numa condição em que aquelas orações chegavam fisicamente até os meus ouvidos.

Quando ele terminou suas palavras elevadas em sinceridade ao Pai, tudo o que eu conseguia fazer foi não me voltar contra ele, ou contra Deus, nem contra nada, numa tentativa de fazer a dor ir embora. Em vez disso, vindo de uma força que eu nem sabia que tinha, eu disse a ele: "Por favor, saiba que não estou rejeitando você. Não estou rejeitando Deus. No fundo, eu sei que você está orando. E eu agradeço por você estar orando. Mas eu não consigo ouvir essas orações. Eu não consigo. Desculpe. Eu... eu..." As palavras não vinham mais. Até mesmo a dor física naquele momento era demais. Meu corpo estava tremendo. Minha voz estava tremendo. Eu não tinha mais nada.

Cerca de um mês depois, refletindo sobre este encontro e sobre a minha aparente rejeição à oração, percebi várias coisas importantes. Deus conhece o meu coração. Ele conhece a minha dor. Ele sabia que minha rejeição à oração do meu pai, naquela época, não era uma rejeição a Deus ou ao apoio amoroso da família. E para Deus, estava tudo bem também! Ele estava lá, tendo ido ao meu encontro bem onde eu estava! Deus promete que *"nunca nos deixará, nunca nos abandonará"* (Js 1:5). Então por que Ele me abandonaria quando eu estivesse cheia de dor só porque não conseguia colocar minhas orações em palavras ou processar as orações de outros? E entra em ação o Espírito Santo! Que bênção termos um Consolador que pode interpretar gemidos que nós não conseguimos expressar.

Da mesma forma o Espírito nos ajuda em nossa fraqueza, pois não sabemos como orar, mas o próprio Espírito intercede por nós com gemidos inexprimíveis. E aquele que sonda os corações conhece a intenção do Espírito, porque o Espírito intercede pelos santos de acordo com a vontade de Deus. (Rm 8:26–27)

Deus não só promete não nos deixar nem nos abandonar em Josué 1:5, como Ele promete estar conosco em Isaías 41:10, depois pinta um quadro de acolhimento através dos versículos 10 e 13. Apenas três semanas após o rompimento, em um retiro feminino do qual eu teria preferido não participar, eu estava meditando sobre Isaías 41. Notei a promessa no versículo 10 em que Deus diz: *"Eu o segurarei com a Minha mão direita vitoriosa"*. Em seguida, no versículo 13, Deus é quem te *"segura pela mão direita e diz: 'Não tema; Eu o ajudarei'."* A mão direita d'Ele com a sua mão direita. Ambas as pessoas devem estar viradas uma para a outra para que se deem as mãos direitas. Que imagem: Deus me olhando nos olhos, vendo a minha dor e segurando a minha mão, me envolvendo no Seu abraço. Uau. O Deus de todo conforto banhou-me em consolo na Sua presença amorosa naquele momento, encontrando-me onde eu estava no processo em direção à cura.

Meu processo de cura ainda não terminou. Agradeço a Deus por prover muitos amigos e familiares que caminharam fielmente comigo e oraram por mim em minha jornada. E enquanto essa jornada continua, confio e compartilho, com esperança renovada, que tenho a honra de servir a um Deus amoroso que nunca nos deixa ou nos abandona, mesmo em nossos momentos mais profundos de dor, perda ou tristeza. Que você O conheça dessa forma também. Que você possa convidá-Lo a te encontrar onde você estiver — mesmo que você não tenha as palavras para expressar esse convite.

****

Passe alguns minutos em oração e reflexão antes de continuar. Esta é uma grande oportunidade para fazer um diário de seus pensamentos e orações. Você pode fazer isso nas páginas em branco para anotações no final do livro, ou em um caderno que você guarda separadamente se precisar de mais espaço.

Pense em um momento em que *você* se sentiu destruída, profundamente dolorida ou perdida? Você está enfrentando um momento assim agora? (Lembre-se, este é um lugar seguro com suas Irmãs Rosa de Ferro.)

Como você sentiu a presença de Deus nesses tempos difíceis? Escreva um versículo específico que lhe mostrou uma grande promessa em meio à sua dor. Você pode estar quase sem forças, mal conseguindo se segurar em Deus, quase caindo, com os dedos apenas tocando a esperança.

Você pode estar quase sem forças, mal conseguindo se segurar em Deus, quase caindo, preso apenas pelas pontinhas dos dedos, assim como eu também estava, mas eu te encorajo a aguentar firme, agarrar-se a Ele, a confiar na provisão e na presença d'Ele. Você não está sozinha! Há outras dentre suas Irmãs Rosa de Ferro que enfrentaram dores semelhantes, mesmo que a fonte seja diferente. Que possamos também ser consoladas ao percebermos que Jesus também sofreu e sentiu-Se destroçado, em profunda dor e perda.

Em que momento Jesus Se sentiu destruído, profundamente dolorido ou perdido? Conforme você busca por versículos ou exemplos, seja específica sobre as emoções que Jesus expressou e o contexto ou causa da Sua dor.

E como Ele reagiu nesses momentos?

Vamos ler estes dois exemplos e discutir como Jesus Se comportou enquanto humano e santo.

João 11:1–44

Mateus 26:36–46 e Lucas 22:39–46

O que podemos aprender com a forma como Jesus reagiu de maneira santa a essas intensas emoções humanas nos exemplos acima?

Vamos analisar os Elementos Comuns por meio dos quais Deus pode trazer esperança e cura em relação a uma situação recente de tristeza, dor ou perda em sua vida.

Elementos Comuns:

Uma área na qual você queira crescer e florescer quando estiver se sentindo destruída, dolorida ou perdida:

 Um espinho que está impedindo esse crescimento ou essa cura.

Uma área em que você está se esforçando para se aprofundar, que precisa de alguém que te ajude a manter o seu compromisso ou talvez a encoraje, onde quer que você se encontre no processo de cura.

Uma mensagem de esperança, uma palavra animadora ou uma passagem da Escritura.

Data ____________________

Capítulo 5

Relacionamentos

Pare por um momento e pense nas pessoas com quem você passa mais tempo. Escreva os nomes de seus melhores amigos e/ou amigas.

Quando se conheceram, pensavam que seriam os(as) amigos(as) que são hoje? Por quê? Ou por que não? Histórias engraçadas são bem-vindas!

Agora vamos afunilar essa lista e focar apenas nos irmãos e irmãs em Cristo com os quais você tem proximidade... Você já imaginou que hoje teria a amizade que tem com algumas dessas pessoas? Por quê? Ou por que não?

O que aproximou vocês? O que uniu vocês? Foram interesses em comum ou os opostos se atraem? Foram experiências partilhadas ou uma primeira impressão equivocada? Escreva algumas lembranças especiais que definem essas amizades e esteja preparada para compartilhar a alegria e a bênção desses relacionamentos.

Durante nossa infância, nossa mãe costumava dizer que suas quatro filhas formavam um buquê. Nós tínhamos cabelos castanho-escuro, castanho, castanho-claro e ruivo. Nossas alturas variavam de 1,57 a 1,78 m. Não sei se no meio de uma multidão você conseguiria percerber que somos irmãs, mas pode ter certeza que somos; nossos laços foram estreitados conforme brincávamos de lojinha e de igreja, com nossas bonecas Barbie, puxávamos o cabelo uma da outra e até deixamos algumas cicatrizes (ai, me desculpem!). Ao longo dos anos, houve coisas que nos uniram e outras que nos afastaram temporariamente. Passamos por tudo isso e como disse certa vez minha irmã mais nova Chrystal: "Somos irmãs. Eu conheço vocês sem precisar de qualquer explicação. Estaremos lá umas para as outras e nos ajudaremos mesmo quando não quisermos, porque somos família."

Talvez você não tenha tido a bênção, como eu tive, de compartilhar o vínculo singular de irmandade em sua família imediata, mas o sentimento expresso pela minha irmã mais nova é o tipo de profundidade e compromisso que eu também conheci no relacionamento com meus irmãos e irmãs em Cristo e oro que você também possa experimentar isso em sua família na fé. E assim como eu e minhas irmãs de nascimento somos bem diferentes umas das outras, talvez minhas melhores amigas e eu também não somos aquelas que você escolheria entre um grupo grande para sermos amigas íntimas.

Eu me consideraria uma rosa vermelha, tradicional e clássica. É a minha favorita. Mas entre algumas de minhas amigas mais próximas, temos: a rosa cor-de-rosa reluzente, a rosa definitivamente nada cor-de-rosa, a rosa com estampa de oncinha, a rosa do tapete floral (incrivelmente robusta: resistente ao inverno e à doenças e pragas, bem como à floração precoce), a rosa da paz, a rosa branca, e muitas outras... Descrevendo a si mesma, que tipo de rosa você seria? E quanto às suas Irmãs Rosa de Ferro ou outras amigas? Sinta-se à vontade para desenhar um buquê representando seu grupo MIRF.

Quando estiver com seu grupo MIRF, compartilhe qual o tipo de rosa com que você se autodescreveu e os tipos de rosas que vocês acham que podem ser uma a da outra. Vocês também podem mostrar umas às outras como ficaram os seus buquês (sem julgamento às artistas, combinado?)

E quanto a Jesus e os doze apóstolos? Você teria pensado em montar um grupo com aqueles irmãos para ficarem juntos por três anos? Por quê? Ou por que não?

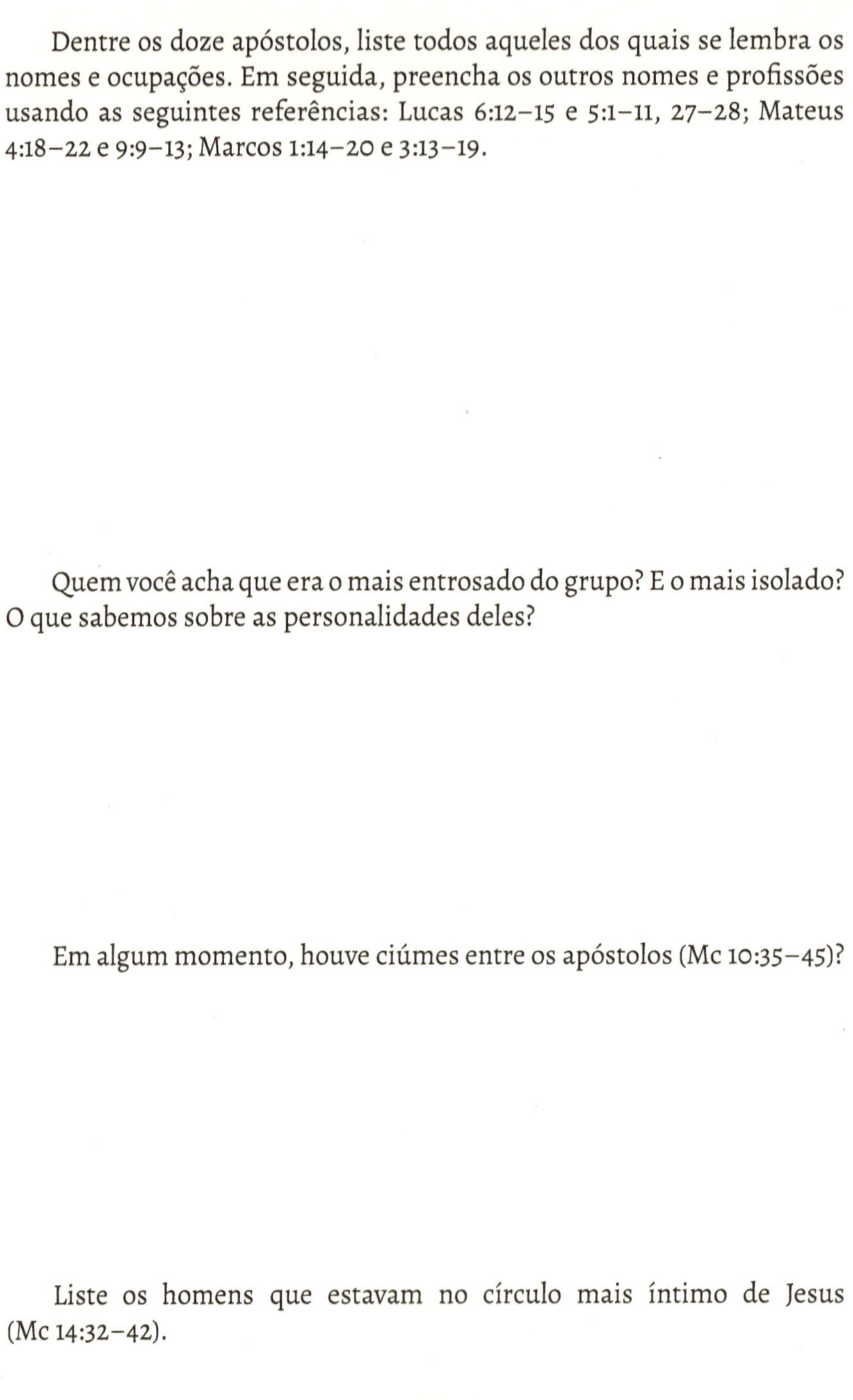

Dentre os doze apóstolos, liste todos aqueles dos quais se lembra os nomes e ocupações. Em seguida, preencha os outros nomes e profissões usando as seguintes referências: Lucas 6:12–15 e 5:1–11, 27–28; Mateus 4:18–22 e 9:9–13; Marcos 1:14–20 e 3:13–19.

Quem você acha que era o mais entrosado do grupo? E o mais isolado? O que sabemos sobre as personalidades deles?

Em algum momento, houve ciúmes entre os apóstolos (Mc 10:35–45)?

Liste os homens que estavam no círculo mais íntimo de Jesus (Mc 14:32–42).

O que Jesus pediu a esses três amigos que fizessem por Ele em Marcos 14? Por quê?

Considerando o lado humano de Jesus, como você descreveria o tipo de relacionamento que Ele tinha com os apóstolos? Era algo meio unilateral ou eles eram realmente amigos? Você pode imaginar Jesus dizendo: "Bartolomeu, você está com uma pedra na sandália de novo?"; ou "É melhor alguém cutucar o André, ele ronca alto demais!"

Embora Jesus tenha passado incontáveis ocasiões em oração com Seu Pai, Ele também passou muito tempo desenvolvendo amizades com estes doze homens, e relacionamentos ainda mais profundos com três deles. Nós fomos criados para estarmos nos relacionando — com Deus e uns com os outros. Tanto com o Pai, o Filho e o Espírito, quanto com Jesus e os doze apóstolos, vemos exemplos de relacionamentos nas Escrituras. Hoje, com Cristo como cabeça e nosso exemplo a ser seguido, formamos parte de Seu corpo e somos abençoadas com os relacionamentos que podemos ter em Cristo, especialmente com as nossas Irmãs Rosa de Ferro.

Descreva algumas formas específicas em que vemos o relacionamento de Jesus com Seus doze apóstolos como sendo santo — separado do mundo e para Deus.

Como podemos tornar nossos relacionamentos mais santos — separados do mundo e para Deus?

Elementos Comuns:

Como você gostaria de crescer e florescer em seus relacionamentos?

Um espinho que você gostaria de remover: (Pode ser um relacionamento que lhe seja uma má influência, um espírito de fofoca num determinado relacionamento...)

Uma área em que você está se esforçando para se aprofundar ou que precisa de alguém que te ajude a manter o seu compromisso.

Uma mensagem de esperança, uma palavra animadora ou uma passagem da Escritura.

Data ____________________

Capítulo 6

Mal-entendidos

Só porque todas nós falamos a mesma língua não significa que sempre nos entenderemos umas com as outras. Descobriu-se que irmãos gêmeos desenvolvem sua própria linguagem, e há pessoas que de tanto passarem tempo juntas, são capazes de completar as frases uma da outra. E tem também aqueles que abrem a boca e você se pergunta se eles vieram de algum outro planeta!

Você sabia que entendemos errado os ditados populares abaixo?

Quem tem boca vai a Roma[3]
Quem não tem cão, caça com gato[4]
O menino é escarrado e cuspido o pai[5]
Parece que esse menino tem bicho carpinteiro[6]
Batatinha quando nasce, esparrama pelo chão[7]

Estes são exemplos divertidos de frases conhecidas distorcidas com o tempo (as versões corrigidas estão nas notas de rodapé), mas e quanto à profunda frustração quando os outros não entendem o que dizemos? Você já passou por isso? Como você se sentiu em situações assim?

---

3 vaia Roma (em desaprovação)
4 caça como gato (isto é, sozinho)
5 em carrara esculpido (tipo de mármore)
6 bicho no corpo inteiro
7 espalha a rama

Como meu pai costumava dizer: "É uma pena que só falamos inglês." Ele ansiava por uma língua diferente ou por uma segunda língua, com a qual tentasse expressar a amplitude e profundidade do que queria dizer. Parte disso provavelmente também tem a ver com homens e mulheres falarem cada um a sua própria língua, visto que ele morava em uma casa cheia de mulheres (yes!), mas esse desafio não se trata apenas de gênero.

Descreva uma situação em que você se sentiu incompreendida — não apenas os muitos exemplos que têm a ver com o sinal ruim da operadora do celular. Inclua as reações emocionais e sentimentos que surgiram do mal-entendido.

Você ficou frustrada e desistiu? Ou você lutou determinada a se fazer entender?
(Reflexão adicional: Lutamos com a mesma determinação para entender outra pessoa?)

Quando vale a pena lutar para ser compreendida?
Por quê?

E quando você lutou para defender o que acreditava ou sabia que era certo? O que fez com que valesse a pena lutar?

Por que você acha que foi mal compreendida, ou por que sua mensagem não estava sendo ouvida?

O que você acha que aconteceria se Jesus Se sentisse incompreendido? Confira Mateus 13:53–58 e João 16:16–18. Descreva como você acha que Jesus Se sentiu com base na descrição de Sua reação nestas Escrituras.

Quantas parábolas os discípulos ou outros seguidores entenderam de imediato? ______ Sim, eu sei que Ele às vezes falava em parábolas para esconder todo o significado, mas será que alguma vez O vemos ficar frustrado por não ser compreendido?

Leia Marcos 8:14–21. Como Jesus reagiu?

Agora abra em Lucas 4:16–30. O que aconteceu ali?

Como eles reagiram a Jesus?

Alguém já ficou furioso com você dessa maneira? "*Pena que não temos a capacidade de simplesmente passar por entre eles e nos retirarmos!*" (v. 30) Em caso afirmativo, o que essa pessoa fez para expressar sua raiva ou frustração?

Esse caso foi um simples mal-entendido ou houve falta de respeito? Qual é a diferença e como isso influencia as nossas próprias reações?

O que você acha que seria pior: a multidão querendo matá-Lo e não aceitando Sua mensagem, ou os discípulos não O entendendo?

O que nos dói mais? Quando amigos e familiares não nos entendem bem, ou quando isso acontece com estranhos? Por quê?

A beleza destes versículos é que eles nos mostram que Jesus nos entende! A partir dos 12 anos de idade, vemos exemplos de Jesus incompreendido por Seus pais por ser sobre a obra de Seu Pai (Lc 2:41–52). A família de Jesus realmente achava que Ele era louco e não acreditava em Seus ensinamentos (Mc 3:20–21; Jo 7:5)!

Que bênção ter um Salvador que tem empatia por nós em nossas lutas e compreende a natureza humana!

Que exemplos Jesus nos deixou para responder à incompreensão?

- Mateus 13:58

- Marcos 8:17–21

- Lucas 4:30

- Lucas 2:50–52

Qual destes quatro exemplos significou mais para você e por quê?

Reflexão: Como o orgulho influencia nossas frustrações quando não somos compreendidas?

Elementos Comuns:

Quando você se vê incompreendida, como você pode crescer e florescer nas suas reações?

Qual é o espinho que você sente quando não é compreendida?

✝ Uma área em que você está se esforçando para se aprofundar ou que precisa de alguém que te ajude a manter o seu compromisso.

Uma mensagem de esperança, uma palavra animadora ou uma passagem da Escritura.

Há muitos outros contextos nos quais vemos que Jesus é ainda mais profundamente incompreendido pelos apóstolos. O exemplo mais doloroso disso levou a que Jesus fosse traído por eles — outra condição humana que consideraremos no capítulo seguinte.

Data: ____________________

Capítulo 7

Traição

Jesus conhecia a dor da traição: a profundidade da dor que vem de um coração partido por alguém que conhecemos e amamos. Eu nem vou perguntar se você já se sentiu traída. Todas nós já passamos por isso. Pode ter sido o(a) amigo(a) que prometeu que escolheria você para a equipe nos tempos da escola, um namorado, a família, um cônjuge ou um(a) amigo(a) íntimo(a). Conhecemos essa dor e não queremos jamais revivê-la. Como devemos lidar com isso? Não posso dizer que sempre lidei bem com isso. E, infelizmente, vez ou outra fui eu a traidora.

Traição será o nosso foco nesta semana, o que se conectará bem com os estudos das próximas duas semanas: Raiva e Perdão. Por favor, continue a caminhar comigo e com suas Irmãs Rosa de Ferro nesta jornada. Você não está sozinha, e embora eu saiba que estes não são temas lá muito leves, ganharemos esperança, compreensão e sabedoria através da exploração deles e do exemplo de Jesus: humano e santo.

Ao examinarmos os casos em que Jesus foi traído, responderemos as mesmas perguntas para cada contexto.

Quando se reunirem, discutam suas respostas e quaisquer padrões descobertos a partir dos cinco contextos apresentados.

1. Quem foi/foram o(s) traidor(es)?
2. Qual era a relação de Jesus com o(s) traidor(es)?
3. De que forma Jesus foi traído?

4. Como Jesus reagiu?

   a. Quais são os elementos *humanos* de Jesus que vemos através das traições?

   b. Quais são os exemplos *santos* de Jesus que vemos através das traições?

5. Como o(s) traidor(es) reagiu(ram) depois de perceber(em) a dura realidade da traição (se o fez/fizeram)?

Contexto 1: Mateus 12:14; Lucas 22:66—23:25; João 19:1–16

1. Quem foram os traidores?

2. Qual era a relação de Jesus com os traidores?

3. De que forma Jesus foi traído?

4. Como Jesus reagiu?

   a. Quais são os elementos *humanos* de Jesus que vemos através das traições?

   b. Quais são os exemplos *santos* de Jesus que vemos através das traições?

5. Como reagiram os traidores após perceberem a dura realidade da traição (se a perceberam)?

Contexto 2: Marcos 14:27–28; João 6:66

1. Quem foi o traidor?

2. Qual era a relação de Jesus com o traidor?

3. De que forma Jesus foi traído?

4. Como Jesus reagiu?

   a. Quais são os elementos *humanos* de Jesus que vemos através das traições?

   b. Quais são os exemplos *santos* de Jesus que vemos através das traições?

5. Como o traidor reagiu depois de perceber a dura realidade da traição (se o fez)?

Contexto 3: Mateus 26:14–16, 27:1–10; Lucas 22:1–6, 21–23; João 6:70–71; João 13:1–5, 18–30; João 18:1–11

1. Quem foi o traidor?

2. Qual era a relação de Jesus com o traidor?

3. De que forma Jesus foi traído?

4. Como Jesus reagiu?

   a. Quais são os elementos *humanos* de Jesus que vemos através das traições?

   b. Quais são os exemplos *santos* de Jesus que vemos através das traições?

5. Como o traidor reagiu depois de perceber a dura realidade da traição (se o fez)?

Contexto 4: Mateus 26:31–35, 69–74; Lucas 22:31–34, 54–62; João 13:36–38; João 18:15–18, 25–27

1. Quem foi o traidor?

2. Qual era a relação de Jesus com o traidor?

3. De que forma Jesus foi traído?

4. Como Jesus reagiu?

   a. Quais são os elementos *humanos* de Jesus que vemos através das traições?

b. Quais são os exemplos *santos* de Jesus que vemos através das traições?

5. Como o traidor reagiu depois de perceber a dura realidade da traição (se o fez)?

Contexto 5: Mateus 27:45–46

Por quem Jesus Se sentiu traído? Você já se sentiu assim? Em caso afirmativo, como você lidou com a profundidade dessa sensação de traição?

Reflita sobre um momento em que você se sentiu culpada por causa de sua reação a uma traição. Ver as reações de Jesus à traição te dá mais liberdade para reagir ou faz você se sentir pior sobre suas reações? Explique.

Liste três reações humanas comuns à traição. Destaque aquela com a qual você mais luta.

Em contraste, descreva uma reação *santa* à traição.

Jesus agiu de forma maravilhosa ao enxergar as pessoas para além da traição. Vamos ler isso novamente: Devemos enxergar as pessoas para além da traição e vê-las com os olhos de Deus. Um grande exemplo disto é como Jesus olha para Pedro, em Lucas 22:31–34, quando Jesus prevê que Pedro o negaria. Jesus diz no versículo 32: "*Mas eu orei por você, para que a sua fé não desfaleça. E quando você se converter, fortaleça os seus irmãos.*" O que teria acontecido se Jesus não tivesse visto Pedro para além da traição?

Como devemos reagir quando somos nós que traímos?

Uma das piores experiências que tive com a traição foi quando fui eu a traidora. Eu traí a confiança de alguém na boa-fé de que estava fazendo isso pelas razões certas — para o próprio bem daquela pessoa. Era uma situação em que eu precisava de conselhos sábios para saber como proceder e assim, num esforço para ajudar certa moça de forma efetiva, então compartilhei sua situação com o evangelista local e sua esposa. Minha intenção era ajudar aquela moça da melhor forma possível, mas não contei a ela de antemão que compartilharia a situação com mais alguém (o que eu deveria ter feito). Ela reagiu de forma muito negativa, defensiva e vingativa. Eu fiquei arrasada. Na verdade, isso me fez cair numa das três depressões mais profundas que já enfrentei em minha vida. Eu me deixei consumir pela culpa de meu pecado e da minha traição.

Permiti que a situação me distanciasse de Deus e dos outros e quando percebi que nem sequer aguentava mais viver comigo mesma, finalmente me ajoelhei e me entreguei ao meu Pai amoroso, que esteve esperando o tempo todo para me abraçar, me perdoar e me dar esperança. Pedi desculpas à moça que eu tinha machucado, e embora tenha levado algum tempo, ela afinal me perdoou e nós reconstruímos uma amizade que continua até hoje.

Felizmente, nosso gracioso, misericordioso e amoroso Pai não perde tempo em nos perdoar quando O traímos. Ele vê as pessoas para além da traição e nos chama de volta, como Jesus fez com Pedro, para fortalecer os irmãos (e irmãs) quando voltarmos.

À luz dos versículos e reflexões deste capítulo sobre a traição, observe o seguinte:

Elementos Comuns:

Uma área na qual você queira crescer e florescer:

 Um espinho que você queira remover:

 Uma área em que você está se esforçando para se aprofundar ou que precisa de alguém que te ajude a manter o seu compromisso.

Uma mensagem de esperança, uma palavra animadora ou uma passagem da Escritura.

Data ____________________

Capítulo 8

Raiva

Que raiva! Só de falar nela já sentimos o sangue ferver. Uma de suas melhores amigas trai você. Um carro entra na sua frente quando você está a caminho da igreja. Você acerta com tudo o dedinho do pé na quina daquele móvel, de novo. Seus amigos ficam postando coisas maravilhosas que só acontecem com os outros, nunca com você. Você percebe que alguém largou a garrafa de água vazia na geladeira, bem na hora que você estava morrendo de sede. Você percebe que uma certa pessoa mentiu na sua cara e espalhou essa mentira para os outros. Você é repreendida pelo seu chefe por algo que ele não te treinou para fazer. Você não passa numa prova importante. O pneu do carro ou da moto fura justo no dia em que você já está atrasada. A sua casa é invadida quando você estava fora. Um membro da sua família morre de câncer.

São tantas as coisas que provocam nossa raiva... Como você reage fisicamente quando está com raiva? Enumere alguns exemplos.

Você acha que Jesus também experimentou alguma dessas mesmas reações físicas? Como você acha que Jesus lidou com isso, sendo Deus em carne e osso?

Usando passagens da Bíblia, descreva pelo menos duas ocasiões em que Jesus demonstrou Sua raiva.

Provavelmente, o exemplo mais popular foi quando Ele virou de pernas para o ar as mesas dos cambistas no Templo. Por que Ele fez isso? O que O deixou tão irritado? (Mt 21:12–13 e Mc 11:15–17)

A Sua raiva era justificada? Por quê? Ou por que não?

Pense agora nos exemplos a seguir: Por que Jesus ficou com raiva? A Sua raiva era "justificada"? Exponha bem as suas respostas.

- Marcos 3:1-5

- Mateus 23

- Mateus 11:20–24

Estamos familiarizados com o versículo que diz: "*Quando vocês ficarem irados, não pequem. Apaziguem a sua ira antes que o sol se ponha...*" (Ef 4:26). Em Sua ira, Jesus pecou? Como Ele teria ou não teria pecado?

Como seria pecar por causa da raiva?

Então, cinco versículos adiante, Efésios 4:31 diz para nos livrarmos de toda amargura, indignação e ira... um momento, é pra fazer qual dos dois? Ficar com raiva mas não pecar, ou não ficar com raiva de jeito nenhum?

Como você explicaria estes versículos (Ef 4:26, 31) a alguém que está lutando contra a sua própria raiva?

Existem diferentes tipos ou fontes de raiva? Leia Tiago 1:19-20.

Usando os cenários mencionados anteriormente neste capítulo e repetidos abaixo, vamos analisar três questões relacionadas a maneiras saudáveis e não saudáveis e insalubres de lidarmos com nossa raiva. Primeiro, vamos refrescar nossa memória com estes cenários.

Uma de suas melhores amigas trai você. Um carro entra na sua frente quando você está a caminho da igreja. Você acerta com tudo o dedinho do pé na quina daquele móvel, de novo. Seus amigos ficam postando coisas maravilhosas que só acontecem com os outros, nunca com você. Você percebe que alguém largou a garrafa de água vazia na geladeira, bem na hora que você estava morrendo de sede. Você percebe que uma certa pessoa mentiu na sua cara e espalhou essa mentira para os outros. Você é repreendida pelo seu chefe por algo que ele não te treinou para fazer. Você não passa numa prova importante. O pneu do carro ou da moto fura justo no dia em que você já está atrasada. A sua casa é invadida quando você estava fora. Um membro da sua família morre de câncer.

Cite exemplos de formas erradas de lidar com sua raiva nestas situações?

Qual seria o resultado se lidássemos com a nossa raiva de formas tão negativas?

Usando os mesmos cenários anteriormente acima como pontos de partida para a discussão, como podemos lidar com a raiva e processá-la de formas mais saudáveis? Existem quaisquer versículos ou exemplos de Jesus que enriqueçam a nossa compreensão dessas estratégias saudáveis?

O que se segue não é uma recomendação ou endosso de todas as ideias abaixo, apenas uma pequena lista de sugestões que todas nós ouvimos com bastante frequência.

- Contar até dez
- Tempo para esfriar a cabeça
- Ouvir música
- Ver a situação da perspectiva da outra pessoa
- Enfiar a cara num travesseiro
- Socar o travesseiro
- Escrever uma carta irritada (que não será enviada)
- Evitar o problema e/ou a pessoa
- Citar as Escrituras em voz alta

- Definir um tempo limitado e permitir-se ficar temporariamente com raiva
- Orar — você consegue ficar com raiva e de joelhos ao mesmo tempo?
- Mais alguma outra ideia, boa ou ruim?

O que você acha dessa lista? O que tem funcionado para você? O que não funciona para você? Sublinhe as que funcionaram para você no passado e circule quaisquer ideias que gostaria de tentar no futuro. Por que essas ideias funcionaram ou não funcionaram?

O que você considera mais importante sobre as respostas humanas porém santas de Jesus, nos quatro contextos abaixo, que ajuda você a saber como lidar com a sua raiva?

- Mateus 21:12–13 e Marcos 11:15–17

- Marcos 3:5

- Mateus 23

- Mateus 21:18-22

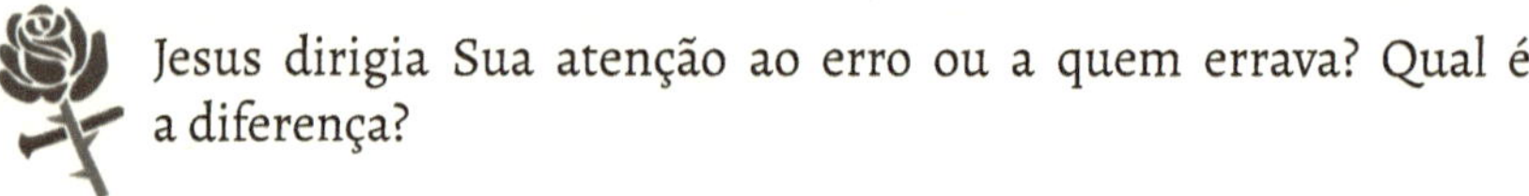

Jesus dirigia Sua atenção ao erro ou a quem errava? Qual é a diferença?

Quando você está com raiva de alguém, qual é a melhor maneira de abordar isso com a outra pessoa? Há ocasiões em que é melhor não tocar no assunto ou esperar até um momento posterior? Como tomarmos essas decisões?

O que dizem os versículos seguintes sobre como devemos lidar com nossa raiva em relação a alguém?

- Mateus 5:21–26

- Mateus 18:15–20

Reflexão Pessoal: Lidar com a raiva dentro de nós mesmas é uma questão separada de como lidamos com sentir raiva de outra pessoa. Quando nos encontramos com a primeira, quantas vezes pode tratar-se na verdade de uma questão mais profunda e não resolvida dentro de nós mesmas ou dirigida à outra pessoa, mas que estamos descarregando na pessoa ou na situação atual?

Para você, quais seriam as questões mais críticas que discutimos até agora sobre a raiva?

Antes de prosseguir para os Elementos Comuns, aqui estão mais alguns versículos úteis sobre a raiva:

- Provérbios 29:11, 22
- Provérbios 15:1
- Provérbios 21:14
- 1 Coríntios 13:4–5

Obrigada por percorrermos juntas este capítulo difícil. Com este tópico em particular, encorajo você a ser muito específica em seus Elementos Comuns. Pode ser melhor usar iniciais ou abreviações se você estiver tratando de um problema de raiva com uma pessoa ou situação específica.

Elementos Comuns:

 Uma área na qual você queira crescer e florescer:

 Um espinho que você queira remover:

Uma área em que você está se esforçando para se aprofundar ou que precisa de alguém que te ajude a manter o seu compromisso.

Uma mensagem de esperança, uma palavra animadora ou uma passagem da Escritura.

Data ____________________

Capítulo 9

Perdão

Uma discussão sobre a raiva naturalmente nos levará a pensar sobre o perdão. Ai, ai, ai... Esta é uma palavra que vai bem fundo e traz à tona uma infinidade de emoções e certa resistência.

Este capítulo nos ajudará a responder perguntas como: O que é o perdão? O que o perdão não é? Que exemplos vemos de Jesus perdoando?

Em primeiro lugar, percorra a lista a seguir e decida se a descrição do perdão é ou não é precisa, a partir da perspectiva de quem perdoa. Circule qual dos dois é verdadeiro.

Perdão para o perdoador...

é / não é Reconciliação automática
é / não é Uma quebra de padrões
é / não é Gerar uma mudança na outra pessoa
é / não é Mais fácil falar do que fazer
é / não é Trabalho duro
é / não é Um processo interior
é / não é Um processo demorado
é / não é Uma retomada do controle
é / não é Racionalizar ou tolerar um erro
é / não é Um caminho para a liberdade

é / não é Um sinal de fraqueza

é / não é Um caso repentino de amnésia
(perdoar é esquecer?)

Então, o que de fato é o perdão? Há várias histórias a serem contadas sobre o perdão, mas há o risco de parecerem soar como exaltação de si. Deus é o único que merece toda a glória pela tremenda oferta do perdão total concedida a cada um de Seus filhos e filhas.

Mas enquanto eu me questionava sobre como tornar uma parte deste capítulo mais pessoal, minha irmã Kim se ofereceu para fazer algo horrível comigo para que eu pudesse perdoá-la e essa história pudesse ser partilhada. Depois, ela voltou atrás na sua proposta, dizendo que não tinha certeza de que poderia fazer isso, pelo menos não intencionalmente.

E é aí que está a questão. Há os casos daqueles que tentam nos ferir intencionalmente e o desafio de perdoá-los é real e avassalador, mas somos mais frequentemente confrontadas com o desafio de perdoar aqueles que nos são mais próximos e fizeram ou fazem coisas não intencionalmente para nos prejudicar, mas que continuamente causam-nos dor. Esta dor também pode ser decorrente de feridas do nosso passado, que todas nós temos, seja da nossa infância ou de experiências ou relacionamentos difíceis.

Leia as citações a seguir. Você concorda ou discorda delas? Tome nota de qualquer coisa que você queira reformular.

Perdoar é libertar um prisioneiro e descobrir que o prisioneiro era você.

— Autor desconhecido

É mais fácil perdoar um inimigo do que perdoar um amigo.

— William Blake

Sempre perdoe seus inimigos — nada os deixa tão irritados.

— Oscar Wilde

É preciso uma pessoa para perdoar; é preciso duas pessoas para reatar.

— Louis B. Smedes

O perdão é a aceitação da dor com a qual você já sabe que tem que conviver.

—Autor desconhecido

O perdão não desculpa o comportamento alheio. O perdão impede que o comportamento alheio destrua o seu coração.

—Autor desconhecido

Essas citações podem ser suficientemente profundas para que você possa refletir pelo resto do tempo, mas devemos considerar primariamente o exemplo de Cristo e o Seu ensino nas Escrituras.

Em Lucas 23:34, quem Jesus perdoou? Pode ser uma boa ideia reler todo o capítulo.

Como você acha que Jesus era capaz de perdoar?!?! — sendo um ser humano totalmente santo. Se você tivesse sido colocada nessa situação, você teria sido capaz de perdoar aquelas pessoas? Por quê? Ou por que não?

A parábola de Mateus 18:21–35 encoraja você a perdoar, te desafia ou te deixa incomodada?

Quais você diria que são os cinco maiores obstáculos ao perdão?

O orgulho, o medo, a vulnerabilidade entraram na sua lista?

Com qual destas coisas você tem mais dificuldade? Como você lida com os seus próprios obstáculos?

Como o exemplo de perdão de Jesus ajuda em algum dos obstáculos mencionados acima?

Já que este é um tópico tão intenso com o qual muitas pessoas lutam, algumas sugestões práticas adicionais que produzem resultados positivos no processo de perdão foram listadas abaixo. E sim, definitivamente é um processo.

- Exercícios de respiração profunda
- Pensamento positivo / atitude de gratidão
- Expressar-se
    - Usar linguagem pacífica na resolução de conflitos
    - Uma carta de perdão (geralmente não precisa ser enviada)
- Cultivar empatia
    - "Colocar-se no lugar do outro"
- Proteger-se e seguir em frente
    - "Engane-me uma vez, é uma vergonha para você. Engane-me duas vezes, e é uma vergonha para mim."
- Procurar ajuda se precisar dela, especialmente no caso de delitos contínuos ou traumáticos

O perdão é um desafio difícil de enfrentar sozinha. Uma amiga cristã sabiamente escolhida pode caminhar conosco como uma guerreira de oração e um lembrete do valor do perdão, enquanto evitamos um espírito de fofoca ou de calúnia sobre quem nos ofendeu. Como as suas Irmãs Rosa de Ferro podem ajudá-la no processo de perdão?

A oração é um passo vital para o perdão. Para concluirmos, vamos nos dedicar a alguns momentos de oração e reflexão silenciosa...

- Agradeçamos a Deus por Seu perdão

- Agradeçamos a Deus pelo exemplo do perdão de Cristo aos outros enquanto esteve na Terra.

- Peçamos a Ele que ajude todas nós a perdoar alguém que estamos com dificuldade em perdoar

- E peçamos a Ele que nos ajude a perdoar a nós mesmas.

Elementos Comuns:

 Uma maneira na qual você queira crescer ou florescer:

 Um espinho que você queira remover:

Uma área em que você está se esforçando para se aprofundar ou que precisa de alguém que te ajude a manter o seu compromisso.

Uma mensagem de esperança, uma palavra animadora ou uma passagem da Escritura.

Data ____________________

Capítulo 10

Tempo a Sós com Deus

Eu sou uma pessoa extrovertida. Amo pessoas. Amo conhecer novas pessoas, especialmente aprender sobre suas diferentes culturas ou tradições familiares, e o que mais amo é passar tempo com a família e amigos. Não importa o quão socialmente desenvolta você talvez seja, todas nós precisamos de algum tempo sozinhas de vez em quando. Jesus sabe bem como é isso.

Alguns descreveriam Jesus como um extrovertido; outros se identificariam mais com Suas características introvertidas e O descreveriam como tal. Mas passar tempo a sós com Deus não tem a ver com tipos de personalidade. Trata-se de comunhão com o nosso Pai — caminhar e conversar com Deus de tal forma que Ele oriente nossos passos, nossos pensamentos, nosso falar, nossas ações, nossas vidas.

Vamos acompanhar três dos exemplos de Jesus em oração e tempo a sós com Deus. Eu te encorajo a não se apressar — talvez leve um dia inteiro refletindo sobre cada um deles. Se você estiver lendo isto na noite anterior ao encontro com suas Irmãs Rosa de Ferro (sei como é, eu posso ser uma procrastinadora), separe algum tempo para fazer pelo menos um dos exercícios e incorpore os outros dois na semana seguinte.

O tempo de oração também proporciona uma excelente oportunidade para fazer um diário. Se você não está familiarizada com a disciplina espiritual de escrever em seu diário, este capítulo é um ótimo lugar para começar. Sinta-se à vontade para usar um caderno separado ou tirar proveito das páginas de Anotações no final deste livro. Lembre-se de escrever as datas nas suas anotações para que você possa testemunhar sua própria transformação e as respostas às suas orações... Um primeiro passo básico é simplesmente escrever suas orações a Deus — uma conversa particular entre você e seu Pai Celestial. Então, fica sempre a seu critério se quer ou não compartilhar seu diário com alguém.

O Exemplo de Jesus: Tempo a Sós com Deus

- Mateus 14:23 — *"Tendo despedido a multidão, subiu sozinho a um monte para orar. Ao anoitecer, ele estava ali sozinho."*
- Lucas 6:12 — *"Num daqueles dias, Jesus saiu para o monte a fim de orar, e passou a noite orando a Deus."*
- Marcos 1:35 — *"De madrugada, quando ainda estava escuro, Jesus levantou-se, saiu de casa e foi para um lugar deserto, onde ficou orando."*
- Lucas 5:16 — *"Mas Jesus retirava-se para lugares solitários, e orava."*

Para este primeiro exercício, convido você a se retirar para um "lugar solitário" para orar e ouvir a Deus. Talvez você não tenha um monte acessível nas redondezas, mas tente encontrar um lugar na natureza, ou mesmo o topo de uma escada que você tenha acesso, ou onde quer que você possa ficar a sós por algum tempo com Deus. Para as mães com filhos pequenos, isto pode ser desafiador. E para todas nós mulheres: sejamos criativas! Peça ao Pai que providencie uma ocasião e um lugar específico para seu tempo a sós com Ele! Deus provê!

Que este seja um momento de escuta — não de pedir coisas. Muitas vezes na minha vida fico sem saber bem o que dizer a Deus. As palavras me fogem, e a promessa em Romanos 8:26–27 de que o Espírito intercederá por mim com gemidos inexprimíveis não é um incentivo tão grande quanto eu gostaria que fosse. Nessas ocasiões, eu me apoio nas Escrituras para falar por mim e para expressar o que eu nem sequer percebia que queria ou que precisava expressar.

Incluí na lista que se segue alguns dos meus versículos favoritos para meditação. Você não precisa ler ou refletir sobre todos eles, mas tente escolher alguns desta lista ou alguns dos seus próprios versículos favoritos para meditar. Permita que Deus fale com você através deles. Concentre-se em ouvir, não em falar. Evite fazer pedidos por si mesma. Quando seus próprios pensamentos de distração se intrometerem, responda-lhes com a Escritura.

Por exemplo: Enquanto lê Isaías 61:10–11, seus pensamentos começam a divagar... e quando isso acontecer, você pode trazê-los de volta ao foco no seu tempo a sós com Deus.

> *"É grande o meu prazer no Senhor! Regozija-se a minha alma em meu Deus! Pois ele me vestiu com as vestes da salvação e sobre mim pôs o manto da justiça..."* Roupas de salvação... Não posso esquecer de colocar a roupa lavada para secar antes de ir deitar! Ah, e preciso ligar para a Sílvia Maria para lembrá-la de que iremos fazer compras juntas neste sábado, precisamos de roupas para... Essa não! De novo não! Pai, perdoa-me por meus pensamentos errantes. Eu anseio pelo Senhor e me regozijo com o Senhor, à medida que meus pensamentos se tornam mais sintonizados com Teus pensamentos e meus caminhos se tornam mais sintonizados com Teus caminhos. Em Isaías há um versículo sobre isso, não é? Sim! Isaías 55:8–9 definitivamente expressa como me sinto agora: *"'Pois os Meus pensamentos não são os pensamentos de vocês, nem os seus caminhos são os Meus caminhos', declara o SENHOR.*

Sugestões de versículos para o Tempo a Sós com Deus:

- Isaías 61:10–11
- Salmo 31
- Salmo 27
- Êxodo 14:14
- Romanos 15:13
- Filipenses 4:19
- Isaías 41:10, 13

- Salmo 139
- Mateus 6:25–34
- Sofonias 3:17
- Lamentações 3:22–27
- Efésios 3:14–21
- Salmo 63

O Exemplo de Jesus: A Oração do Pai-Nosso

Neste exercício, seguiremos o modelo da Oração do Pai-Nosso em Mateus 6:9–13, utilizando a Nova Versão Internacional (NVI). Faça com que a sua oração do Pai-Nosso torne-se ainda mais pessoal, seguindo as orientações abaixo de cada parte da oração.

"Pai nosso, que estás nos céus! Santificado seja o teu nome."
Declare três nomes ou atributos de Deus, dizendo-os em voz alta.

"Venha o Teu Reino."
Clame a Deus para que a Sua igreja cresça e o Seu Filho volte.

"Seja feita a Tua vontade, assim na terra como no céu."
Mencione uma situação específica na qual você deseja que a vontade de Deus seja feita, acima da sua própria vontade.

"Dá-nos hoje o pão nosso de cada dia." Agradeça a Deus pela Sua provisão e peça-Lhe que ajude você a confiar n'Ele para atender a TODAS as suas necessidades, de acordo com Suas gloriosas riquezas em Cristo Jesus (Fp 4:19).

"Perdoa as nossas dívidas, assim como perdoamos aos nossos devedores." Exemplo: "Deus, o Senhor nos perdoa vez após vez. Obrigada pelo Seu exemplo de perdão e, por favor, ajude-me a perdoar ____________ (nome). Ajuda-me a ver o perdão como liberdade para mim e como confiança no Senhor, não como aprovação de algo errado."

"E não nos deixes cair em tentação, mas livra-nos do mal." Exemplo: "Senhor, sinto-me tão tentada a __________, mesmo reconhecendo ser uma armadilha de Satanás. Por favor, ajuda-me a lembrar que o Seu caminho é o melhor, e a substituir a tentação de fazer o errado por um desejo e anseio de fazer o que é certo."

O Exemplo de Jesus: João 17

Antes de ir para a cruz, João registra uma longa oração na qual Jesus ora por Si mesmo, por Seus discípulos e por todos os crentes. Leia João 17 e depois, seguindo este modelo, faça uma lista de coisas para orar nas mesmas três categorias:

Orações por si mesma:

Orações pelos cristãos locais (sua congregação ou seu grupo MIRF):

Orações por todos os crentes no mundo inteiro:

Ore somente por essas três categorias de pedidos antes de se encontrar com suas irmãs, mas há mais um exercício para quando vocês se encontrarem: em pedaços de papel, escreva seus pedidos das três categorias mencionadas acima para orarem juntas como Irmãs Rosa de Ferro (uma categoria por pedaço de papel). Troquem seus papeis e orem pelos pedidos umas das outras enquanto estiverem juntas e também durante a próxima semana.

Compartilhe com suas Irmãs Rosa de Ferro um pouco do que você experimentou em seu tempo a sós com Deus.

Do que você mais gostou?

Houve quaisquer versículos que chamaram a sua atenção durante a leitura / escuta? Quais foram?

Você teve uma sensação de paz ou de distração frustrada?

Como Deus falou com você através do seu tempo com Ele? Esta pode não ser uma voz audível, mas um versículo que chamou a sua atenção, uma paz que tomou conta de você, uma oração que foi respondida... Se você escreveu em seu diário durante esse tempo, talvez queira compartilhar algo que você escreveu durante o tempo a sós com Deus.

Quer seja a partir de algo que você tenha colhido de seu tempo a sós com Deus ou de uma maneira que você gostaria de crescer em oração, passe algum tempo refletindo e orando sobre quaisquer novos Elementos Comuns.

Elementos Comuns:

Um espinho que você queira remover:

Uma área em que você está se esforçando para se aprofundar ou que precisa de alguém que te ajude a manter o seu compromisso.

Uma mensagem de esperança, uma palavra animadora ou uma passagem da Escritura.

Data ____________________

Capítulo 11

Faminto, com Sede e Interrompido

Ainda que você nunca tenha andado de avião já deve ter ouvido falar da frase que é dita no momento das orientações de segurança: "Em caso de despressurização da aeronave, máscaras de oxigênio cairão automaticamente. Coloque a máscara em si primeiro e depois ajude os outros a colocarem suas máscaras." Sempre achei isso estranho; as instruções para realizar um ato aparentemente egoísta me incomodavam. Felizmente, nunca tive que colocar essas instruções em ação em um avião, mas fui lembrada vez após vez que tais instruções não são um ato egoísta, mas sim uma indicação de que, se eu não cuidar de mim mesma, posso não estar adequadamente habilitada para ajudar a cuidar dos outros.

Por exemplo, tenho que ter cuidado com minha atitude e palavras duras quando ainda não comi. Às vezes, não reconheço que preciso comer até perceber que estou ficando irracionalmente irritável ou à beira de um ataque. Um amigo meu da Venezuela tinha mais consciência dos meus problemas com níveis de açúcar no sangue do que eu mesma. Ele muitas vezes me encorajava a comer alguma coisa, num esforço para evitar a minha "síndrome de Rute/Raquel", como ele a chamava.

Como você percebe quando está com fome? Com sede? Cansada?

Você é capaz de fazer o que precisa fazer por si mesma ou pelos outros quando fica assim?

Neste capítulo, vamos analisar algumas histórias de Jesus que revelam algumas de nossas necessidades e condições mais básicas como seres humanos — como o próprio Jesus as experimentou. Depois de ler cada uma das passagens abaixo, liste a necessidade humana básica, condição ou situação que você vê Jesus enfrentando.

- Mateus 21:18 e Marcos 11:12–14
- Lucas 10:21
- João 4:4–8
- João 11:33–35
- Mateus 14:6–14

Qual é a sua reação ao ver essas características humanas de Jesus? Isso O faz parecer fraco? Como assim? Ou, se não, por quê?

Seja observando os versículos acima ou outros, que exemplos temos de Jesus cuidando de Si mesmo (física ou espiritualmente) para poder cuidar dos outros?

Você consideraria Jesus como alguém egoísta? E nestas duas histórias, Marcos 1:35–37 e Marcos 4:35–41?

O que podemos aprender com o exemplo de Cristo? Invertendo o cenário, o que *nós* teríamos feito no lugar de Jesus naquelas situações?

Jesus era constantemente interrompido e muitos queriam Seu tempo e atenção. Como Jesus equilibrava essas prioridades?

Como Jesus equilibrou as prioridades quando as criancinhas vieram até Ele (Mt 19:13–15)?

Uma das minhas histórias favoritas nas Escrituras é encontrada em Mateus 9:18–26 e é um excelente exemplo de como Jesus reagia quando interrompido. Como podemos colocar Seu exemplo em prática?

Jesus não permitiu que Sua condição humana impedisse a realização de compromissos ou oportunidades sagradas.

Que entendimento Jesus tinha e nós podemos desejar ter quando confrontadas com nossas nossas limitações, emoções ou fraquezas humanas?

Como uma consideração adicional sobre este conceito, gostaria de compartilhar uma reflexão que escrevi um dia quando estava me sentindo especialmente fraca — apenas alguns meses antes de lançar o Ministério Irmãs Rosa de Ferro. Satanás queria se aproveitar da minha fraqueza, mas sou grata pela força de Deus, Suas promessas e Suas respostas às mensagens desencorajadoras de dúvida e de confusão.

Estar inválida faz você se sentir invalidada?

Estar doente é uma coisa estranha, especialmente se for uma condição crônica. Recentemente, percebi um jogo de palavras que enfatiza parte da batalha mental e emocional que enfrento quando estou fisicamente fraca ou doente. Quando estou inválida, sinto-me invalidada. Ou seja, quando estou doente me sinto sem valor.

- Você se sente como uma versão inferior de si mesma e um médico, ao duvidar da descrição da sua dor, não consegue identificar a raiz da sua condição. Estar inválida = estar invalidada?

- Você não tem energia e a motivação se foi. Você nem consegue se lembrar de tudo o que deveria fazer. Estar inválida = estar invalidada?

- Você finalmente tira um tempo para descansar - se recuperar de eventos recentes e se preparar fisicamente para o que está por vir. Satanás coloca mensagens de preguiça, culpa e inadequação em sua mente. Estar inválida = estar invalidada?

- Você discerniu o chamado de Deus e deseja servir conforme Ele lidera, mas sua força física e habilidade inibem sua capacidade de cumprir esse chamado. A dúvida se instala. Estar inválida = estar invalidada?

- Sua dor física se acentua e intensifica todos os outros pensamentos negativos e dor emocional. A cura em qualquer nível parece inatingível. Estar inválida = estar invalidada?

- Geralmente, você é a que anima os outros e é uma fonte de força, mas agora você não tem mais nada para dar. Estar inválida = estar invalidada?

- Você costumava se orgulhar de sua habilidade de realizar várias tarefas ao mesmo tempo, ser apoio para os outros e fazer tudo e agora você se encontra em uma posição em que está dependente dos outros. Estar inválida = estar invalidada?

- As coisas que moldaram sua identidade antes são minadas ou inibidas por limitações físicas. Estar inválida = estar invalidada?

Pensamentos como esses têm permeado minha mente nos últimos dias e semanas. Eu me forcei a lembrar que *"Aquele que está em mim é maior do que aquele que está no mundo"* (1Jo 4:4) e que minha identidade como filha de Deus é suficiente. Deus se sente honrado em me chamar de Sua filha e não mede meu valor pela minha capacidade de desempenho.

Foi-me dado um espinho na carne, um mensageiro de Satanás, para me atormentar. Três vezes roguei ao Senhor que o tirasse de mim. Mas Ele me disse: "Minha graça é suficiente para você, pois o Meu poder se aperfeiçoa na fraqueza". Portanto, eu me gloriarei ainda mais alegremente em minhas fraquezas, para que o poder de Cristo repouse em mim. Por isso, por amor de Cristo, regozijo-me nas fraquezas, nos insultos, nas necessidades, nas perseguições, nas angústias. Pois, quando sou fraco é que sou forte. (2Co 12:7b–10)

Seus Elementos Comuns esta semana podem ser sobre dar a si mesma permissão para ser humana! Tire um momento para refletir e ser encorajada através da oração nestas áreas.

Elementos Comuns:

 Uma área na qual você queira crescer e florescer:

 Um espinho que você queira remover:

Uma área em que você está se esforçando para se aprofundar ou que precisa de alguém que te ajude a manter o seu compromisso.

Uma mensagem de esperança, uma palavra animadora ou uma passagem da Escritura.

Data ____________________

Capítulo 12

Compaixão

Uma definição de compaixão poderia ser: "ao ver alguém em necessidade, ser movido e motivado para a ação". Enquanto eu crescia, talvez não fosse conhecida como a mais compassiva das pessoas. Minhas irmãs diriam que eu era a filha mais velha mandona. Minha natureza altamente motivada e orientada para tarefas me fez não ser tão empática para com as pessoas que não correspondiam às minhas expectativas. É claro, eu pegava mais pesado comigo mesma do que com os outros, mas "compassiva" ou "amorosa" não seriam as primeiras palavras em que alguém pensaria para me descrever. Meus próprios problemas de saúde e outros momentos difíceis em minha vida me tornaram muito mais compassiva, compreensiva e solidária com aqueles que passam por lutas ou necessidades, o que, por sua vez, também terminou por abençoar muitos relacionamentos. Por exemplo, minha relação com minha irmã Jenn provavelmente cresceu mais através da nossa compreensão compassiva uma da outra e dos nossos respectivos problemas de saúde. Oro para que eu continue a crescer em compaixão, mas, às vezes, ainda tenho dificuldades sendo cética com relação à outras pessoas passando por necessidades.

Na semana passada, minha irmã Kim contou que havia uma criança no estacionamento do supermercado vendendo pulseiras para arrecadar dinheiro para sua avó com câncer. Dar dinheiro ou não dar? — eis a questão. Todas nós passamos por pessoas na rua com placas de papelão no semáforo, ou somos abordadas por crianças em estacionamentos.

Quando você vê uma pessoa passando necessidade, sua primeira reação é sentir ceticismo ou compaixão?

Sua reação muda de acordo com as circunstâncias? Como? Por quê?

O que mexe com você para que tenha compaixão por alguém?

O que torna difícil para você ter compaixão por alguém?

Você é mais como os discípulos ou mais como Jesus? (Mt 19:13–15)

Em cada um dos seguintes casos, o que mexeu com Jesus levando-O à compaixão?

- Mateus 14:14

- Mateus 15:32

- Mateus 20:34

- Marcos 6:34

- Lucas 8:40–56

Como Jesus agiu com Sua compaixão nestas situações?

Como sabemos que Jesus era conhecido por Sua compaixão?

Você diria que isto era uma característica humana sagrada ou que veio de Seu caráter divino? Explique.

Cite três formas de demonstrarmos compaixão pelos outros. Quais as características dessa compaixão?

O que *podemos* fazer para sermos conhecidas pela nossa compaixão?

Você deseja crescer em sua compaixão ou em seu discernimento?

Entre as instruções que Jesus deu aos discípulos antes que os enviasse, encontramos Mateus 10:16: "*Eu os estou enviando como ovelhas entre lobos. Portanto, sejam prudentes como as serpentes e simples como as pombas*". Como isso se aplica à necessidade de compaixão?

Quanto ao mais, tenham todos o mesmo modo de pensar, sejam compassivos, amem-se fraternalmente, sejam misericordiosos e humildes.

(1Pe 3:8)

Elementos Comuns:

 Uma área na qual você queira crescer e florescer:

 Um espinho que você queira remover:

Uma área em que você está se esforçando para se aprofundar ou que precisa de alguém que te ajude a manter o seu compromisso.

Uma mensagem de esperança, uma palavra animadora ou uma passagem da Escritura.

Data ____________________

Capítulo 13

Emboscadas e Sabedoria

Uma saia justa, bate-bocas, conversas que não levam a lugar algum... todas nós já nos vimos encurraladas numa emboscada vez ou outra. Alguém faz uma pergunta impossível de você responder. Todos os olhares se voltam para você, e não importa o que diga, você sente que está num beco sem saída; não importa o que diga, será levada a mal.

Descreva uma circunstância específica, uma situação difícil na qual você se sentiu sem saber o que fazer ou dizer. Como você conseguiu escapar dessa?

Jesus achou-Se em emboscadas em várias ocasiões. Vamos ler os três exemplos a seguir e discutir...

1. Como Jesus foi pego;

2. Como Ele respondeu quando achou-Se encurralado (resposta rápida, silêncio...);
3. Como a Sua resposta dissipou a situação (em contraste com uma resposta que faria com que caísse diretamente na armadilha).

João 8:1–11

1.

2.

3.

Mateus 22:15–22

1.

2.

3.

Lucas 20:1–8

1.

2.

3.

De onde veio esta sabedoria? Foi apenas porque Ele era Deus em carne e osso?

Será que nós, sendo humanas, podemos ter acesso a esse tipo de sabedoria quando nos achamos encurraladas? Como?

Vejamos mais uma situação na qual Jesus estava numa emboscada e precisava de sabedoria: Sua tentação. A história está em Lucas 4:1–13.

Nós vamos percorrer juntas esta passagem e vamos dissecar cada uma das armadilhas de Satanás e as respostas de Jesus. Lembre-se que a mentira mais fácil de acreditar é aquela que contém um elemento de verdade. O pai da mentira aproveitou-se desse fato e até citou as Escrituras para Jesus em sua tentativa de testá-Lo e pegá-Lo!

"O Diabo Lhe disse: 'Se és o Filho de Deus, manda esta pedra transformar-se em pão'" (Lc 4:3). Jesus é o Filho de Deus? É claro! Mas Jesus não respondeu como o Diabo desejava porque Ele ponderou a fonte e reconheceu a armadilha. Ele estaria obedecendo a Satanás e não a Deus se tivesse transformado as pedras em pão, faminto como estava depois de 40 dias em jejum.

Nos versículos 5–7, Satanás se oferece para dar a Jesus autoridade e esplendor se Jesus o adorar. *"Jesus respondeu: 'Está escrito: Adore o Senhor, o seu Deus, e só a Ele preste culto'"* (Lc 4:8). Jesus conhecia o primeiro e maior mandamento (Mt 22:36–38) e não faria nem diria nada em contrário. Ele conhecia Seu Pai e conhecia a vontade de Seu Pai.

No terceiro teste, Satanás tenta até citar as Escrituras! O pai da mentira distorce a verdade da Escritura para seus próprios fins e para seu próprio ganho. Entretanto, Jesus, mais uma vez, ponderou a fonte e reconheceu a armadilha. Ele respondeu a Satanás com força usando as Escrituras. *"Jesus respondeu: 'Dito está: Não ponha à prova o Senhor, o seu Deus'"* (Lc 4:12).

Como Jesus fez isso? Como Ele foi capaz de reconhecer essas tentaçoes e resistir?

Como isso ajudou a prepará-Lo para as armadilhas de Satanás?

Você tem uma história de uma época em que o Espírito falou por você e deu-lhe palavras que você não sabia que tinha? Esteja preparada para compartilhar.

Permita-me partilhar uma história... Aconteceu no verão de 1996, quando uma jovem caloura da faculdade se aventurou numa viagem missionária à Venezuela — sua primeira vez fora de seu país e sua primeira oportunidade de colocar em prática o espanhol que tanto havia estudado nos livros. Ela passou as primeiras quatro semanas em uma campanha com cerca de 20 outros estudantes, conhecendo pessoas, convidando-os para as reuniões conduzidas à noite pela igreja local, estudando a Bíblia com pessoas e aprendendo muito sobre si mesma e sobre aquela nova cultura.

Após essas quatro semanas iniciais, ela e outros dois estudantes ficaram mais três semanas para fazer o acompanhamento de todos os contatos que haviam sido alcançados durante a campanha. O rapaz que ficou não falava espanhol, e uma outra moça, embora tivesse certa proficiência, contraiu salmonela e ficou acamada a maior parte do tempo que se seguiu.

Então essa jovem, com seu espanhol de nível iniciante, e o rapaz, que mal conseguia dizer um "hola", atravessaram a cidade, visitando dezenas de pessoas que haviam se inscrito para estudos bíblicos pessoais. Quando chegavam em uma casa onde um homem tinha se inscrito no estudo, o rapaz o ensinava e a Michelle (vamos chamá-la assim) traduzia; se fosse uma mulher que tivesse se inscrito no estudo, então a própria Michelle ensinava enquanto o rapaz lia sua Bíblia e bebia o café que todos os estudantes tinham passado a apreciar.

Em uma dessas ocasiões, na casa de uma senhora que havia se inscrito para um estudo bíblico pessoal, Michelle se deparou com uma pergunta difícil para a qual não tinha certeza da resposta em inglês e se sentia ainda menos preparada para responder em espanhol. Ela fez uma oração rápida e, depois de alguns minutos, percebeu que tinha acabado de dar uma resposta eloquente e bíblica a uma pergunta muito difícil. Na verdade, ela não o fez. A resposta e as palavras eloquentes não vieram dela mesma.

Pois é, essa era eu. Ainda guardo lembranças vívidas daquele dia. Não me lembro mais da pergunta que aquela senhora fez, nem o nome dela, mas nunca esquecerei a luz que se acendeu em seus olhos quando fui usada pelo Espírito de uma maneira que eu nunca havia experimentado antes. Eu fiquei fascinada. Desde aquele dia, eu soube que queria usar minha vida de alguma maneira a permitir que o Espírito falasse através de mim, derramando a Luz em qualquer um que quisesse ouvir as boas novas da esperança que temos em Cristo.

Qualquer sabedoria pela qual possamos viver ou qualquer resposta que possamos compartilhar em situações de armadilha são um testemunho do poder do Espírito na vida daqueles que estão dispostos a permitir que Ele trabalhe. Jesus estava encurralado. Jesus precisava de sabedoria. Ele caminhou com Seu Pai e, cheio do Espírito, foi capaz de responder de acordo ou ficar calado diante daquelas situações muito humanas. A melhor parte é que, como filhos e filhas de Deus, em Cristo, temos acesso ao mesmo poder e sabedoria através do Espírito Santo que Jesus! Que bênção é ter isso em nossas lutas humanas e santas!

Estes são os Elementos Comuns finais em nossa reflexão de *Humano E Santo*. Passem algum tempo extra orando juntas sobre eles, e sintam-se à vontade para revisitar os Elementos Comuns da semana anterior, bem como para dedicar tempo em oração com suas Irmãs Rosa de Ferro esta semana.

Elementos Comuns:

 Uma área na qual você queira crescer e florescer:

 Um espinho que você queira remover:

✝ Uma área em que você está se esforçando para se aprofundar ou que precisa de alguém que te ajude a manter o seu compromisso.

Uma mensagem de esperança, uma palavra animadora ou uma passagem da Escritura.

Observações Finais

Obrigada por sua participação comigo e com suas Irmãs Rosa de Ferro nesta jornada de esforço para ser mais humana e santa.

É minha oração que, ao longo deste estudo, você tenha ganho uma perspectiva maior de nosso Senhor como humano e santo. Não apenas isso, mas também que você tenha desenvolvido relacionamentos profundos e duradouros com as Irmãs Rosa de Ferro que caminharam com você nesta jornada. Se você fez esta série de estudos bíblicos sozinha, eu te encorajo a encontrar uma amiga e compartilhar com ela como o Espírito conduziu e trabalhou através de você no decorrer do estudo.

Através dos Elementos Comuns, você reconheceu áreas de crescimento, identificou espinhos que você gostaria de remover e definiu áreas nas quais você gostaria de se aprofundar ou que precisa de alguém que te ajude a manter o seu compromisso. Eu te encorajo a continuar sua busca por esses objetivos do Elementos Comuns no processo de transformação em direção à vida humana e santa. Felizmente, você não está sozinha nesta jornada. Deus é o Autor da sua vida, e eu oro para que Ele continue a te conduzir na comunhão com as Irmãs Rosa de Ferro com as quais você foi abençoada.

Fique ligada para mais Estudos Bíblicos do Ministério Irmã Rosa de Ferro que serão publicados em breve!

Para mais informações, acesse www.IrmaRosadeFerro.com e inscreva-se para receber novidades da MIRF por meio da aba "Contato".

Bibliografia

Citações Bíblicas retiradas de:

Bíblia Sagrada, Nova Almeida Atualizada®, NAA® Copyright © 2017 Sociedade Bíblica do Brasil (SBB). Usado com permissão. Todos os direitos reservados em todo o mundo.

Bíblia Sagrada, Nova Linguagem de Hoje®, NTLH® Copyright © 2000 Sociedade Bíblica do Brasil (SBB). Usado com permissão. Todos os direitos reservados em todo o mundo.

Bíblia Sagrada, Nova Versão Internacional®, NVI® Copyright © 1993, 2000 by Biblica, Inc.™ Usado com permissão. Todos os direitos reservados em todo o mundo.

New International Version Study Bible (Zondervan, 1995)

NOVO TESTAMENTO – Versão Fácil de Ler – Editora Vida Cristã, 1999

Anotações

Agradecimentos

Meu primeiro agradecimento é a Deus por Sua provisão infinita. As palavras não podem expressar a profundidade da gratidão ao meu gracioso e amoroso Pai celestial.

Em segundo lugar, o apoio da minha família e amigos tem sido infinito. Sem eles, eu não seria quem eu sou, não estaria onde estou e não saberia como chegar até você com estas mensagens!

Inúmeras páginas poderiam ser preenchidas com os nomes de muitas irmãs amorosas em Cristo (e irmãos também) que fizeram parte desta jornada e ajudaram a tornar *Humano E Santo* possível. Obrigada!

Agradeço a Libby Isenhower pela foto da capa e a Ashel Parsons pela minha foto na minha biografia.

Obrigada a todas aquelas que ajudaram a testar o material de estudo de *Humano E Santo*: Maryellen Anderson, Tonya Brignac e outras de minhas irmãs Twisted Sisters, Robin Gough, as estudantes do Centro Cristão Estudantil da LSU e o Grupo das Irmãs Rosa de Ferro de Brighton... Seu feedback foi vital e sua participação foi inspiradora.

E um agradecimento especial para aqueles que ajudaram no processo de edição! Meus pais, David e Jocelynn Goff, meus avós, George e Barbara Brown, Vanessa Gilliam, Jennifer (Goff) Sale, Kimberly (Goff) Edwards, Sherry Hubright, Donna Ellis, Christa Duve, Pam LaPorte, Jeff e Katie Forbess, Cindee Stockstill, Dally Campos e Jonathan Hanegan. A constante enxurrada de perguntas pode ter cansado vocês, mas seu apoio contínuo e suas críticas foram de valor inestimável!

Minha gratidão a Lucas Pestana, Sabrina Campos e Beliza Kocev pela tradução para o português.

Finalmente, tiro meu chapéu para a equipe da Editora EBNESR por seus esforços em cumprir os objetivos e prazos para colocar *Humano E Santo* nas mãos do público o mais rápido e profissionalmente possível.

Guia da Facilitadora

Conforme sugerido no Formato dos Estudos Bíblicos todas as Irmãs Rosa de Ferro do grupo são encorajadas a liderar uma das reuniões semanais, fazendo um revezamento.

Ainda que você se julgue despreparada para liderar ou ache que não tem experiência adequada para fazê-lo, esta é uma excelente oportunidade de crescimento e bênção. Você está entre irmãs e amigas que estão te apoiando nessa parte da jornada.

Dicas e lembretes, especialmente para novos líderes:

1. Faça do seu jeito e deixe que **o Espírito Santo te conduza** – esses estudos são recursos e não um roteiro rígido.

    - Normalmente, por motivos de tempo, você não conseguirá conversar sobre todas as atividades da semana quando se reunir em um pequeno grupo.
    - Sinta-se à vontade para adicionar perguntas ou destacar um exercício de escuta que mais te impactou, partes do capítulo que te pareçam mais relevantes, mesmo que não estejam reservadas para discussão.
    - Escolha quais questões você gostaria de discutir, e planeje quais você quer pular caso não haja tempo suficiente.

2. Apoie e incentive **a participação do grupo.**

- Uma das melhores maneiras de facilitar conversas e discussões contínuas é apoiar as outras pessoas do grupo. Mesmo que não concorde com o que foi dito, você pode apreciar a disposição delas em compartilhar suas ideias.

- Agradeça àquelas que se dispuseram a ler passagens das Escrituras, a orar e a fazer perguntas para se aprofundar. E não se esqueça de agradecer às que participaram, compartilhando suas respostas e sugestões durante a discussão.

- Se alguém estiver falando demais ou compartilhando demais, você pode interromper gentilmente e agradecer por compartilhar. Pode ser apropriado orar por ela ou pela situação naquele momento, antes de avançar com o tema da semana.

3. Esteja disposta a responder às perguntas primeiro, usando seus próprios exemplos, mas **evite a tentação de ser a única a falar.**

- Pode haver um desconforto para escutar e compartilhar em um contexto de pequeno grupo. A primeira ou segunda semana pode funcionar mais lentamente, mas na terceira semana, normalmente todas estarão mais preparadas e dispostas a dialogar sobre a ênfase daquela semana.

- Permita que o silêncio constrangedor proporcione a oportunidade para que outras compartilhem. Dica: contar até 10 mentalmente dá às outras a chance de pensar sobre suas respostas. Sinta-se à vontade para reformular a pergunta também.

- Não há problema em convidar alguém e incentivá-la a responder a uma pergunta específica.

- "Você pode explicar um pouco mais?" ou "Há mais alguma coisa que você aprendeu ou gostaria de compartilhar?" são boas perguntas para progredir a discussão.

4. Liderar é **facilitar a discussão**, não é ter todas as respostas.

- Quando alguém trouxer uma situação difícil ou pergunta desafiadora, você sempre pode abrir para que o grupo colabore com respostas que venham da Bíblia, não somente conselhos pessoais.

- A resposta pode demandar um estudo mais aprofundado da Escritura, ou consultar alguém com mais experiência na Palavra e/ou naquele tipo de situação em particular. E tudo bem! Estamos nos aprofundando.

5. **Acomode grupos maiores**, conforme necessário.

- O tamanho ideal de um grupo pequeno é de 6 a 8 mulheres. Se o seu grupo for maior, as mulheres mais reservadas terão menos probabilidade de partilhar.

- Em grupos com mais de 8 mulheres, para facilitar uma conexão mais profunda entre as participantes e com Deus através da discussão daquela semana, aqui estão algumas sugestões:

    - Escolha uma seção ou perguntas específicas que possam ser respondidas em minigrupos (2 a 3 pessoas).

    - Reserve um tempo para as discussões em minigrupos e depois reúna todo o grupo. Isso pode ser feito várias vezes.

    - Além disso, os minigrupos podem ser uma boa maneira de cada uma compartilhar os Elementos Comuns e pedidos de oração mais íntimos.

6. Inclua mais **exemplos das Escrituras** e incentive as outras a fazerem o mesmo.

- Programas bíblicos on-line, como BibliaOnline.com.br ou BibleGateway.com, fornecem excelentes recursos: múltiplas versões da Bíblia, concordâncias (para procurar as ocorrências de uma palavra), dicionários bíblicos e comentários, mapas e mais.

7. Dê uma **conclusão prática** ou **aplicação "tarefa de casa"** da semana ao encerrar os Elementos Comuns.

8. Certifique-se de reservar um tempo para **oração**.

9. Lembre-se de nossos propósitos como **estudantes da Palavra e filhas do Rei**. Estamos nos esforçando para aprofundar nossos relacionamentos com Deus e umas com os outras – para sermos Irmãs Rosa de Ferro que servem como ferro para afiar o ferro enquanto encorajamos umas às outras a sermos tão bonitas quanto rosas, apesar de alguns espinhos.

Sobre o Ministério Irmã Rosa de Ferro

O Ministério Irmã Rosa de Ferro (MIRF) existe para equipar mulheres para que se conectem com Deus e umas com as outras mais profundamente em todas as Américas.

COMO

Nós **equipamos** mulheres por meio de materiais de estudo bíblico, seminários, relacionamentos de mentoria e outros recursos para se conectarem mais profundamente com Deus e umas com as outras. **Encorajamos** as mulheres a olharem para Deus e para a Sua Palavra através dos relacionamentos mútuos que Deus planejou para a Sua igreja. E **capacitamos** as mulheres a assumirem a responsabilidade por sua própria caminhada espiritual.

POR QUÊ

Num mundo onde estamos altamente "conectadas", há uma falta de profundidade em nossos relacionamentos com Deus e umas com as outras como mulheres. A falta de recursos para equipar levou Michelle J. Goff a atender a este chamado com: *"Aqui estou, envie-me!"* (Is 6:8), lançando o Ministério Irmã Rosa de Ferro para:

- **facilitar** relacionamentos entre irmãs cristãs que são como ferro que afia ferro (Pv 27:17), encorajando uma à outra a ser tão bela quanto uma rosa, apesar de alguns espinhos;

- **desenvolver, escrever e publicar** estudos bíblicos para mulheres simples o suficiente para qualquer uma liderar e profundos o suficiente para que todos possam crescer;

- **conduzir** eventos nas Américas, ensinando, capacitando e inspirando mulheres em sua jornada como Irmãs Rosa de Ferro;

- **criar** uma rede de mulheres cristãs e ministérios de mulheres em todas as Américas;

ONDE

Desde o seu início em julho de 2013, Deus abriu portas para o MIRF encorajar, equipar e capacitar mulheres em mais da metade dos estados dos EUA, em todos os 19 países de língua espanhola da América Latina e no Brasil de língua portuguesa, bem como como Angola e Moçambique (na África).

Fazemos parceria com congregações locais nessas áreas, submetendo-nos à liderança local, ao mesmo tempo que equipamos as mulheres nos seus relacionamentos com Deus e umas com as outras.

Inglês: Iron Rose Sister Ministries

Espanhol: Ministerio Hermana Rosa de Hierro

QUEM

A **Equipe do Ministério** é composta por colaboradores em tempo parcial e em tempo integral nos Estados Unidos e América do Sul (biografias no site). **Voluntários e representantes** de ministérios participam ativamente em cada um dos países em que servimos.

Nossa **Diretoria** sempre inclui pelo menos um presbítero, membros de diversas idades e áreas de especialização e uma combinação de homens e mulheres, todos apaixonados por capacitar mulheres.

Temos um grupo crescente de **palestrantes, escritores e mentores** em todas as Américas, cumprindo a missão que Deus nos deu.

Para saber mais, orar conosco ou saber como ser voluntária visite nosso site: IrmaRosadeFerro.com

Sobre a Autora:
Michelle J. Goff

Autora, Palestrante Internacional, Fundadora e Diretora Executiva do Ministério Irmã Rosa de Ferro

Michelle sempre foi apaixonada por equipar mulheres que falam inglês e espanhol em suas caminhadas com Deus ensinando, escrevendo e mentoreando. Seus anos de experiência em ministérios universitários e de mulheres, implantação de igrejas, missões nacionais e estrangeiras a prepararam para compartilhar esses recursos em nível global com mulheres através do Ministério Irmã Rosa de Ferro (MIRF).

Michelle está aprendendo português enquanto o ministério expande seus recursos para o Brasil. Ela adora viajar, cozinhar, caminhar e parar para cheirar as rosas. Gosta do suspiro profundo após um gole perfeito de café, especialmente quando compartilhado com uma amiga. Mora em Arkansas, perto de sua família.

Outros Livros Publicados em Português por Michelle J. Goff

Chamada a Escutar

Comprometida a Escutar

www.ingramcontent.com/pod-product-compliance
Lightning Source LLC
LaVergne TN
LVHW091002080826
845145LV00003B/1097

* 9 7 8 1 9 6 0 4 0 3 0 9 4 *